上大岡トメ

スッキリ！

たった5分間で
余分なものをそぎ落とす方法

幻冬舎

余分なもの＝ぜい肉

いつの間にか、
知らないうちに、
たくさん自分についていてない？

見栄、妙なプライド、
既成概念、偏見、
猜疑心《さいぎしん》、言い訳、
脂肪……

探してみよう。

きっとあるはず、
ファスナーのつまみ。

どっかにある。

勇気を出して、

脱ぐんだ！

とどめの
「背負い投げ!!」

やあっ
だん!

バイバイ、余分な私。

もくじ

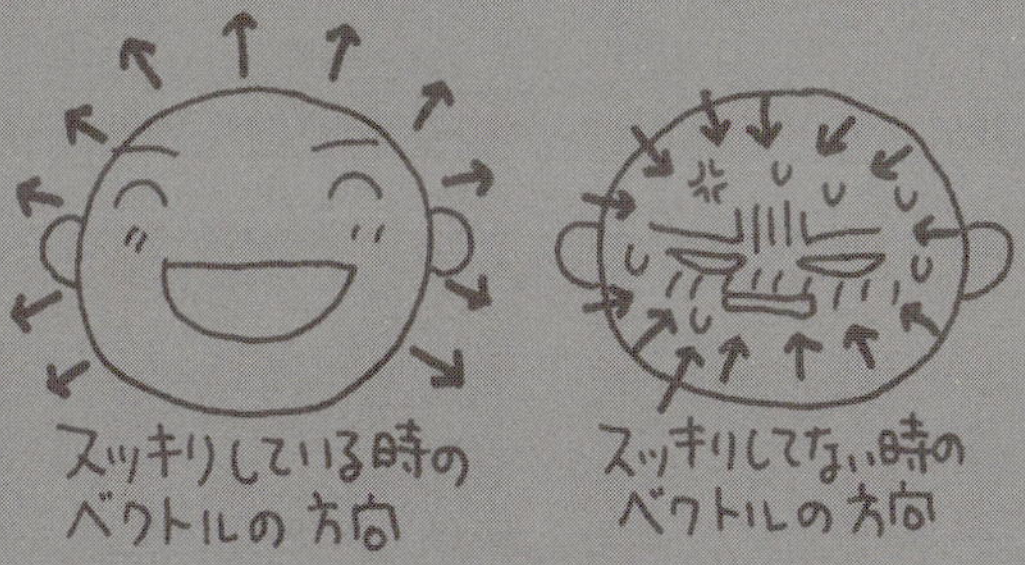
スッキリしている時の
ベクトルの方向
スッキリしてない時の
ベクトルの方向

頭の中からスッキリ！　させる。……45

心の中からスッキリ！　させる。……77

カラダからスッキリ！　させる。……109

コミュニケーションからスッキリ！　させる。……131

デザイン……川名 潤（Pri Graphics）

はじめに

「なんじゃ、これ⁉」

かなり暑くなってきた、ある日のこと。自分のおなかまわりが、いつもよりたぷたぷしているのを見て、ビックリ。最近食べる量は変わってないのに、忙しさにかまけて、運動してなかった。二の腕も気になるし、カラダもちょっと重い。

『ぜい肉』＝『余分なもの』が、つき始める⁉

カラダだから気がついたけど、もしかして頭や心の中にも、知らない間についているのでは？　そういえば最近、どこかに行くのがおっくうだったり、新しいことにトライしようという気が起きなかったり、人の話を素直に聞けない。また、思い込みや既成概念で、考え方がちょっとガチガチになってるかも。おまけに部屋はいろんなものがガチャガチャ置いてあって、いざという時に欲しいものはすぐ出てこない……。これって余分なものが、頭の中にも心の中にもついちゃってる。

ああ、この余分なものを脱ぎたい！
脱いだら、すごくスッキリ！　するだろうなあ。

あなたはどうですか？　自分に余分なもの、ついてない？

どんな時にスッキリするか、ちょっと考えてみました。

たまっていた部屋のごみを出した、ど忘れしていたことを思い出した、難しい問題が解けた、トイレに行ってたくさん出した、友達に自分の言いたいことが伝わった、もやもや悩んでいる原因がわかった、バットの芯《しん》にボールが当たって、思いっきり飛んでいった……。

いろいろありますよね。また、その人によっても、違います。私の一番のスッキリは、脱いだ余分な自分を背負い投げすること。背負いじゃなくても何かを投げ飛ばす、というのは、精神的にものすごく爽快《そうかい》で、かなりスッキリします。それも、戦う相手は他の誰、というわけではなく、余分な自分自身。もちろん、実際投げられるわけではないので、想像上の話ですけれど、投げることができたらさぞスッキリ！　するだろうなあ。

あ、だからといって、目についたまわりにあるものを投げないでくださいよ。茶碗とかコーヒーカップとか、パートナーとか。せめて、クッションにしてください。

自分のスッキリすることを探して、スッキリ！　しませんか？

実際にスッキリ！　作業をしていくにあたり、ちょっとしたコツがあります。それは、精神面と、カラダ、両方からスッキリさせていく、ということ。どういうことかというと、頭や心の中などの精神面の変化は、急にがらっと変わることは少ないです。だから、なかなか結果が目に見えないので、「こんなのでホントにスッキリできるんだろうか」と、だんだんやる気が落ちます。

でも、カラダをスッキリさせることは、変化が見えやすいので、「おお、できてる、できてる」

と、小さい自信につながるんですね。その最たるものは、〝腹筋運動〟。気持ちが沈んでようが、頭の中がからっぽだろうが、とにかく毎日やっていると確実におなかはスッキリしてきます。これは、ホント。実際、私は最初に書いたとおり、おなかまわりにある種の危機感を覚えたのですが、腹筋をし、またこれを書いている最中も腹筋に力を入れるなどして（122ページ参照）、克服しました。それに、カラダのまん中を鍛えると、元気になってやる気が起きるんです！

精神面をスッキリ！ の象徴は〝背負い投げ（投げ飛ばす）〟、そして、カラダをスッキリ！の象徴が〝腹筋〟。〝背負い投げ〟と〝腹筋〟、両方をイメージしながら、トライしてみてください。

また、いろんなことをスッキリ！ させることで、自分のホントに大切なものをもう一度、見なおすことができます。これを機会にまわりに振り回されることなく、自分の基準で考えてみましょう。

この本では、具体的に何をどういうふうに「スッキリ！」させるか、5つの柱に分けてやってみました。もちろん、「時間もお金も覚悟もいらない、すぐできる」というのが、ポイントです。

❶自分のまわりを、片付ける。風通しをよくして、必要なものがすぐ出てくる状態。

⬇身のまわりからスッキリ！ させる。

❷自分のカラダから、老廃物を出す。余分なものがない状態。

⬇カラダからスッキリ！ させる。

❸頭が研ぎ澄まされて、アイディアが出やすい状態。

⬇頭からスッキリ！　させる。

❹自分の気持ちが、わかる。やりたいことが、具体化している状態。

⬇心の中からスッキリ！　させる。

❺自分の言いたいこと、相手の言いたいことがお互いにちゃんと伝わる状態。

⬇コミュニケーションからスッキリ！　させる。

もし、今の自分に「余分なものがついていて、それをそぎ落としたい」と思っているのでしたら、どれからでもいいので、ぜひ試してみてください。

余分なものを脱ぐファスナーは、絶対どこかにあります。探しましょう!!

私の大事なもの
うーん大きくて重くて持ち運べない。
ところがある日
あれ?! 中にひとまわり小さい人形が!!
どんどん開けていくと
こんなに小さくてシンプルだったんだ!!
これなら持って
どこにでも行ける!!
Let's go!

この本の使い方

コンテンツは全部で60項目あります。スッキリ！　したい場所によって5つに分けていますが、どこから始めても、どの順番でやってもOK。

また5分でできちゃうものもあるし、できないものもあります。でも、やる、やらないの決断は、5分もかからないでしょう。

❶自分を振り返ってみる。

もし今の自分にスッキリ！　したいところがあったら、21ページの人型にどんどん記入しちゃいましょう。また同時になりたい自分も具体的に考えてみてください。書き出すことで、イメージがわきます。

❷「できそう」と思うコンテンツにチェックをしてみる。

本文各ページにチェックする場所があります。
「できそうなもの、やってみたいもの」……は実線の□にチェック。☑　↑こんな感じ

「今はできそうもないけれども、いつかはやってみたいもの」

……は破線の⬚にチェック。⬚←こんな感じ

忘れないように、読んだその場でチェックしてみましょう。

❸まず1回、チャレンジしてみる。

1回チャレンジできたら、その項目の☐にチェックをしてみましょう。

☒←こんな感じ

チャレンジしてみた項目が、

- 1～10個　ちょっとドキドキワクワクする。
- 11～20個　なんだかちょっと、カラダが軽くなった感じがする。
- 21～30個　いつも見る景色が、なんだか違って見える。
- 31～40個　「今、こんなチャレンジやってる」とまわりの人に言いたくなる。
- 41～50個　「何だかちょっとスッキリ！　したね」と、まわりの人に言われる。
- 51～60個　自分でも「何だかスッキリ！　してきたみたい……」と実感する。**スッキリ！**　それまでの自分と変わった。

あくまでも目安ですので、参考までにどうぞ。

❹続けられるものは、続けてみる。

続けられるものは、ぜひ続けてみてください。どのくらい自分の中で定着したかを知りたい場合は、巻末のチェックリストを参照してくださいね。

❺「挫折」はない。

一日坊主でも三日坊主でもOK。一日休んで、また始めればいいのです。忘れちゃっても、思い出したところからまた始めましょう。できないからって自分を責めてへこむことは、全くありません。

気楽に「ふふん」と始めましょう。

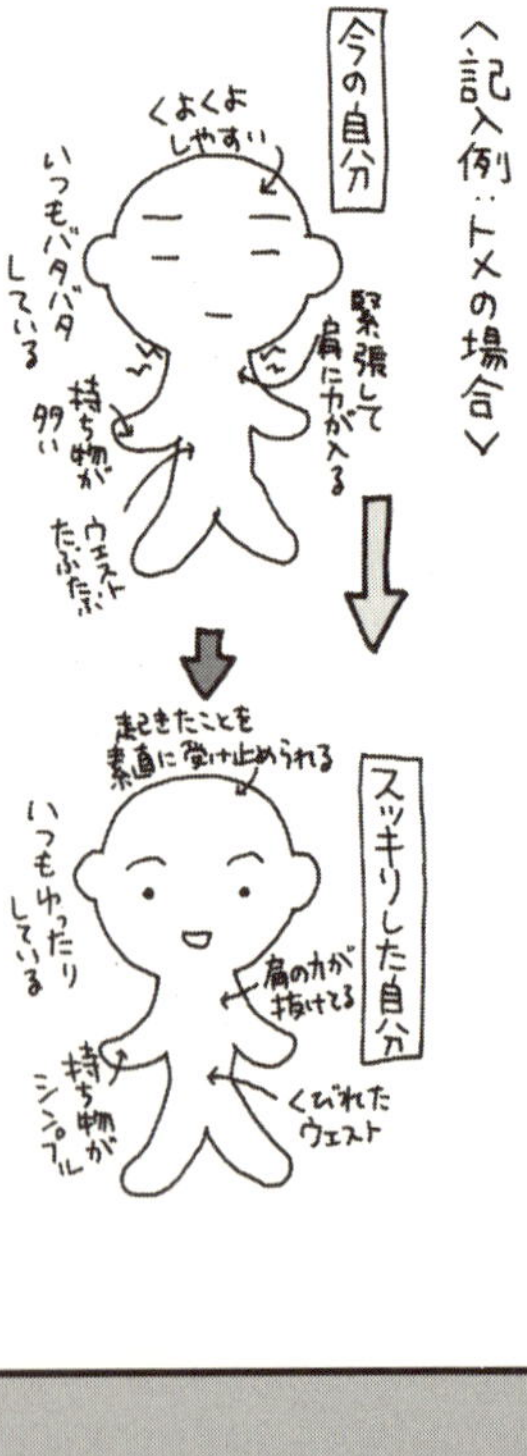
〈記入例：トメの場合〉
今の自分
くよくよしやすい
いつもバタバタしている
緊張して肩に力が入る
持ち物が多い
ウエストたぷたぷ
スッキリした自分
起きたことを素直に受け止められる
いつもゆったりしている
肩の力が抜けてる
持ち物がシンプル
くびれたウエスト

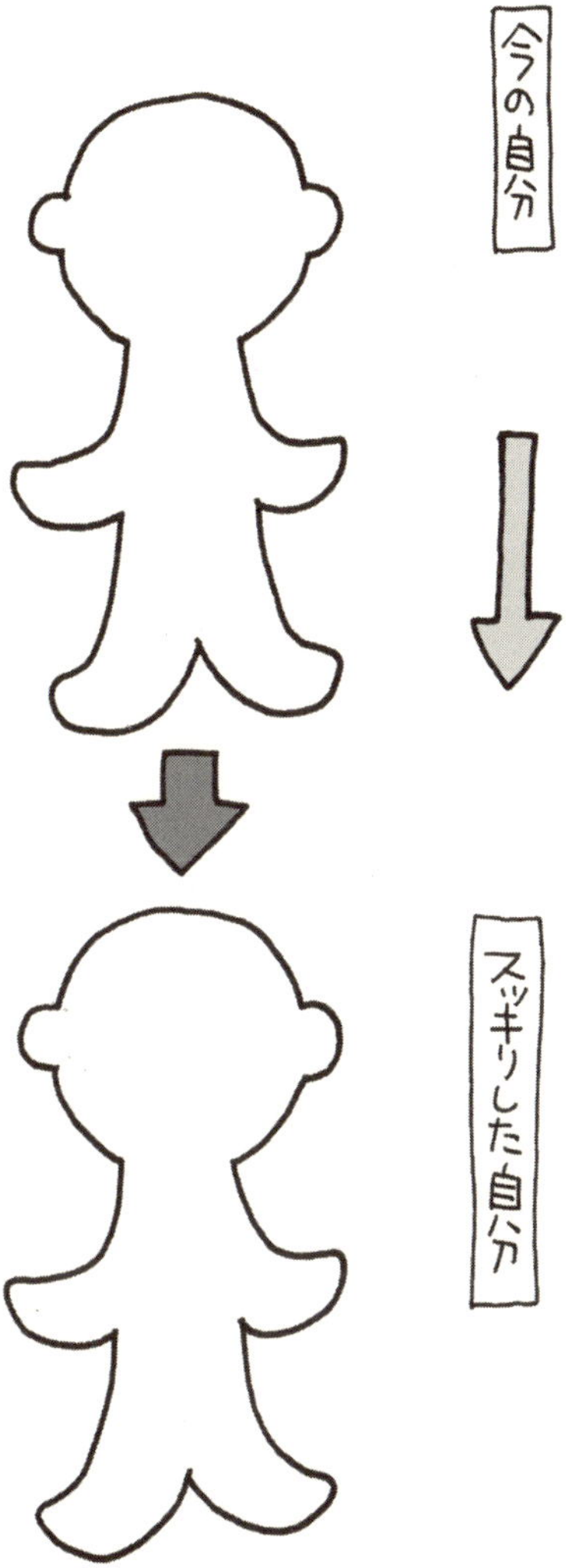
今の自分
スッキリした自分

カラダをスッキリ！
頭や心の中をスッキリ！
両方同時にトライしてみよう！

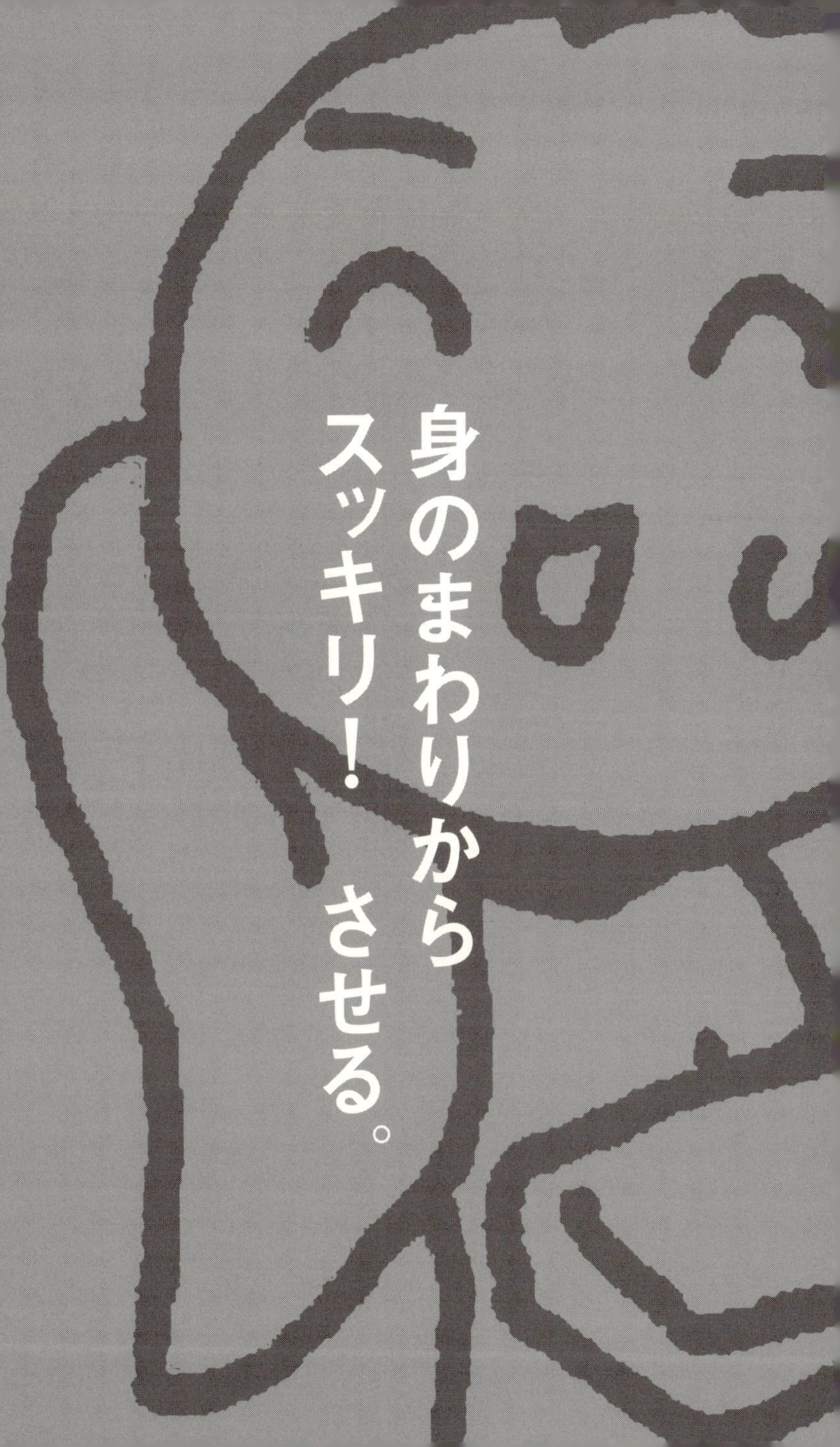

身のまわりから
スッキリ！　させる。

01 着ない服、はかない靴にムダな家賃は払わない。

押入れの奥から発掘
結婚前に買った白いパンプス!! まだキレイ
ところがはいてみるとーー
!!
中からボロボロになっていった っっ
ひ〜〜っ
足のウラに全部くっつく
まるで太陽の光を浴びると灰になっちゃうドラキュラみたい…
15年間この靴の置き場に家賃を払ってきたのか…

CHECK!

うちの押入れの一角に、手を触れてはいけない〝聖域〟がありました。
そこには、今から15年以上も前、まだ私が独身だった頃に買った、ブランドもののバッグや靴、服がしまい込まれていました。２人のコドモの育児やらで全然登場する場もなく、眠り続けていたのです。最近勇気を出して発掘作業をしたら、げっ、いろんなものがカビてた！

長い間この物たちのために家賃を払い続けていたのかと思うとガッカリ。まあ、メンテナンスも悪かったんでしょう。

そのほかにも、ムダな家賃を払っているものがあります。それは、着ない服。着なくなる一番大きい理由は、今の流行と微妙に違っちゃったことです。それでも処分できないのは、〝よそゆき用〟で買って数回しか着てないのでもったいない、また安いから買ったけど実はあんまり気に入ってなくて着てないとか。

着ない服を家に置かないために、自分でルールを作りました。2シーズン袖を通さなかったら、処分する。〝よそゆき〟服枠をやめて、ふだんから着るようにする。新しいものを気安く買わない。妥協して買うと、結局あとで着ないし。

本当に必要なもの、気に入ったものだけで、おしゃれってできますよね。

押入れの奥から出てきたまっかなボディコンのスーツ
おまけにミニ!!
15年以上前のシロモノ
買った当時は恥ずかしくって結局2,3回しか着なかったんだ
今なら着れるかも！
やめろー!!

「いつか着る服」の「いつか」っていつ？

02 写真や思い出の物を、整理する。

CHECK! □ □

物を片付けていく時に、一番悩んでしまうのが、「写真、思い出の物」。

私は写真整理がホントに苦手で、長女のアルバムは生後3カ月で終わり、長男にいたってはアルバムは一応あるものの、中身は白紙です。でも写真は撮っているから、そのまま整理もされずにダンボールの箱の中にいまだに突っ込まれたまま。

また、手紙、手作りプレゼント、コドモの工作物など、思い出の物もなかなか処分できません。でもたくさんあると、保管場所にも困ってしまうし、コドモの工作物は耐久性がないから、すぐ壊れてしまう。

そこで、ふたつのことを、思いつきました。

ひとつ目は、『宝箱』を作ること。自分の好きな箱でも缶でも用意して、そこに入る分だけ思い出の物をとっておきます。新しい物を入れたら、何かを処分しましょう。

ふたつ目は、デジカメで撮って、パソコンのフォルダに保管すること。これなら写真の保管場所も、アルバムに貼る手間もいらない。私はコドモの工作物や習字も、一番いい状態をカメラで撮って保存しています。そうしたら、いつでも見て思い出せるしね。ただし、バックアップはとっておきましょう。

『物』はいつか崩れてしまうもの。物がなくなっても、その思いだけはしっかり心に残しておきたいものです。

昔のネタ帳
大半は腐ってるけど
偶然発酵しているものがあるかも～
という理由でなかなか捨てられない
ネタ

形はなくなっても、気持ちはなくならない。

03

スーパーの袋はもらわない、ためすぎない。

CHECK! □ □

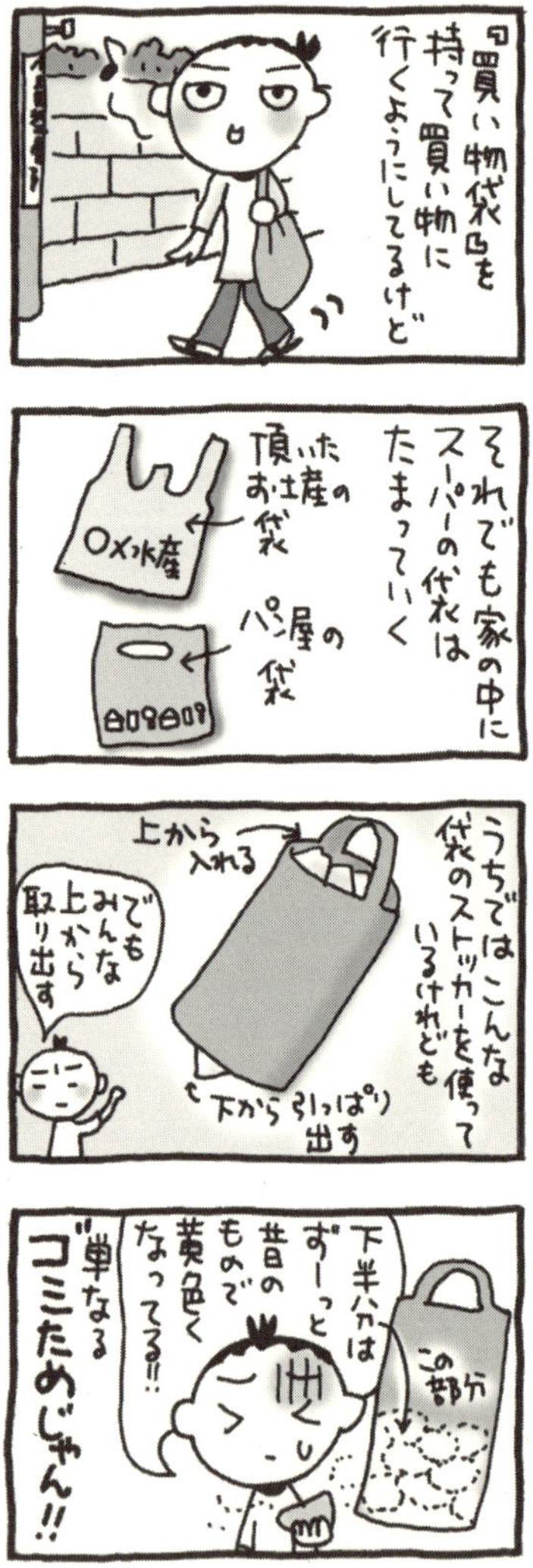

買い物袋を持って買い物に行くようにしてるけど
それでも家の中にスーパーの袋はたまっていく
頂いたお土産の袋
○×水産
パン屋の袋
うちではこんな袋のストッカーを使っているけれども
上から入れる
下から引っぱり出す
でもみんな上から取り出す
下半分はずーっと昔のもので黄色くなってる!!
この部分
単なるゴミためじゃん!!

私は、買い物に行く時は、専用の袋を持っていきます。かごにスポッと入るタイプなので、レジの時に直接入れてもらってそのまま持って帰れる、という超便利なシロモノ。スーパーの袋を使わないことは資源の節約につながるし、とにかく余計にためたくないんです。

それでも、予定外の買い物の時や、頂き物で、ポリ袋はたまっていくんですね。なぜたまっていくか、というと、私の場合は「もったいないから、もう一度使おう」と思ってるから。うちには『ポリ袋ストッカー』なるものがあって、そこにバンバン入れてしまうのです。でも、実際は使う量よりもたまる量のほうが多くて、ストッカーの中でゴミになっちゃってる……。これでは、二次使用できません。ということで、ある程度は、捨てることにしました。

紙袋や包装紙にしても、同じこと。「もったいないから次に使おう」と思っても、保管の仕方が悪かったら、結局使えないんです。キレイにとっておけるだけの分量以外は、思い切って処分してしまいましょう。

でも一番いいのは、お店で余分な袋をもらってこない、ということですよね。

コンビニでついつい袋をもらってしまう男性にも、買い物袋があるといいのに。

ブランドの袋
ちょっとキレイな包装紙
ビニール製の袋
押入れの奥でぐちゃぐちゃにたまっている
でもほこりをかぶっちゃってて汚くて使えない…

保管する量を決めて、それ以上は処分しよう。

04

ビデオテープを整理する。

CHECK! □ □

ビデオテープが大増殖!!
う〜ん 何とかしなきゃ…
でも何にも書いてないから何が入っているのかさっぱりわかんない…
でも一本一本見るとすごい時間がかかっちゃうし…
よし! 心の目で見よう!
ぐわっ
ダメだ 何も見えない…
パタッ
あきらめよう

ビデオテープは気を許すと、ネズミ算式にどんどん増えていきます。

一本の値段が、べらぼうに高いわけではないので、つい買ってしまう。その原因は家にあるビデオテープに何が入っているのか、わからないからなんです。空いているテープを探す手間より、買ったほうが早い。そして「いつか見るだろう」と思って、ビデオに録画する。

そして見ないまま、テープはじゃんじゃんたまる……。

この悪循環をやめるべき、解決策を考えました。

❶今、何が入っているのかわからないテープは、思い切って処分、または録画用にまわす。
❷なんでもかんでも録画しない。見ることのできる自分の空き時間を、よく考えよう。
❸タイトルは、録画したその場で書く。
❹毎回見る番組は、決めたテープにする。
❺ひとつ新しくビデオテープを買ったら、ひとつ古いテープを処分する。

ビデオに限らず、CD、DVDもどんどん増殖していきます。便利なものだから、上手に置き場所を作って、付き合っていきたいものですよね。

ビデオテープを見られる時間は、限りのあることを知ろう。

ケースから出して
こんなCDホルダーに
入れるのはどう?
解説も
いっしょに
ジャンル別に
まとめる
CDもあっという間に
増えちゃうからー

05

散らかっているものは、とりあえず拾う。

あ、ゴミ発見!!
でもあとでそうじ機をかける時に拾おう
私はどちらかというとまとめてやるタイプ
友達は仕事が忙しいのにいつも家がキレイ
ちょっと寄っていきなよ
目につくものはとりあえず片づける彼女
座っててー 今、お茶いれるから
「とりあえず拾う」!? これが違うんだ
目からウロコ
だからうちはいつも何となく散らかってるんだ!!

CHECK!

私は片付けが苦手です。
部屋はいつもなんとなーく、ものが散らかっています。掃除はしてるんですけど。
でもすごく忙しいのに、家の中がいつも小ギレイっていう人、いますよね。何人かの友達がそう。私との大きな違いは、「ちょっとの空いた時間に、大げさに構えずにとりあえずやっとく」なんです。

たとえばゴミが落ちてたらとりあえず拾うし、目についたものはとりあえずしまうし、目についた壁の汚れは、とりあえずその場で落としている。私は後回しにしてまとめてやろうとするので、分量が多い分、時間をさくのにちょっとした決意がいる。だから、なかなかやらないんです。

でも、仕事に限らずなんでもそうですが、全体の見通しがたって準備万端で開始するっていうケースは、少ないですよね。それにそういう時は、大体タイミングが、はずれています。

自分の直感を頼りに、「とりあえず」やり始めてみる。何事にも、共通することかもしれません。

気になった時が、チャンス！

出した本を本棚にもどしに行けるか？
それがハードル…

06 サイフを整理する。

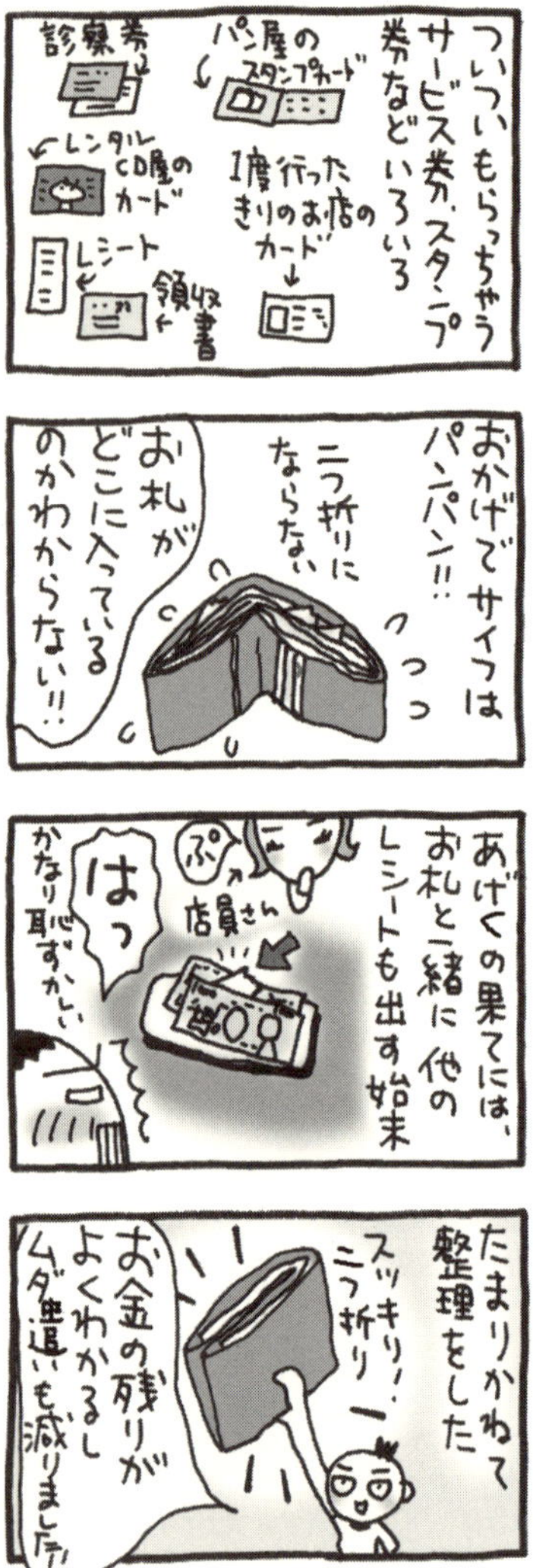
ついついもらっちゃうサービス券、スタンプ券などいろいろ
パン屋のスタンプカード
診察券
1度行ったきりのお店のカード
レンタルCD屋のカード
レシート
領収書
おかげでサイフはパンパン!!
二つ折りにならない
お札がどこに入っているのかわからない!!
あげくの果てには、お札と一緒に他のレシートも出す始末
ぷっ
店員さん
はっ
かなり恥ずかしい
たまりかねて整理をした
スッキリ!! 二つ折り
お金の残りがよくわかるし ムダ遣いも減りました!!

CHECK! □ □

どんなにキレイな人でも、財布の中と冷蔵庫の中が汚かったら、ものすごくポイントが落ちる、と思います。でも私のサイフはいつもパンパン！

捨てちゃいけない大事な領収書やレシートを、どんどんため込んじゃうんです、サイフに。

でもあまりにためすぎると、必要なものを出す時に、

「絶対この中にあるの、でも出てこない！」

ってたまりにたまった領収書やレシートを、人前でぶちまけるという恥ずかしいことになっちゃいます。だから、整理を心がけるようにしました。

その方法は、それぞれ行き先となる場所を用意すること。お店のポイントカードは、専用のポーチに入れて、車の中に。レシート、領収書は、仕事の経費、公共料金、家計、自分の小遣い等の袋を作って、それぞれに入れています。たまったものは、1カ月ごとに集計する。そうすると、お金の流れもよくわかるんですね。

1カ月は理想なんですが、その袋がパンパン！　ってなる前にはがんばりましょう。

サイフがスッキリしてると、お金の残高がすぐわかるので、ムダ遣いは多少、防げますよ。

「お得だ！」と思って
カードやポイント券で
パンパンに
なった
サイフは…
かえって貧乏くさい…

お金の流れを、コントロールしよう。

07

刃物を研ぐ。

すごく急いでごはんのしたくをした時ーー
イライライライラ
うわーこの包丁切れなくなってる！でも使っちゃえっっ
ところが
プシュッ
ぎゃあっ
急いでいる時に切れない包丁を使うと手を切る
研いでから使おう
研いだ包丁のほうがだんぜん効率アップ
急がば回れ！！

CHECK! □ □

刃物が切れないと、むっちゃイラつきます。

特に、包丁。切れないと、単なる危険な金属ですものね。

締め切り明けに、ごはんを作ろうと思って台所に立つと、ちょっと使っていない間に、たいていい包丁の切れ味が落ちています。これを、昔ながらの砥《と》石《いし》で研ぐ。

自分のメンテナンスもしよう。

研ぎたての包丁の切れることといったら。トマトもすぱっと切れる。ものすごく気分がスッキリ！　します。切れない包丁を使うと、変なところに力が入って、かえって指を切るんですよね。

本来の役割を、きっちり果たしてくれる道具は、ホントに気持ちがいいです。

私たち人間だって、そうです。自分の本来の力が出せるのは気持ちがいい。そのためには体調を整えたり、気持ちをスッキリさせたり、そんな環境を作りたいものです。

刃物を研ぐのは やっぱり
コドもが眠った 夜中でしょ
ヒヒヒヒ
起きてるし
シャー
シャー
シャー

08

物を捨てる時は、「ありがとう」「ごめんなさい」と言う。

CHECK! □ □

もったいなくても処分しなきゃいけない時は来る
食材
ガビガビ
衣類、家財道具
食べ残し いつのかわかんない
そんな時はー
食べられなくてごめんなさい
ありがとう
書けなくなったペン
分別ゴミ
せめて感謝と謝罪の気持ちを送ろう
あのペンはあの星になったのかなー

物を捨てなきゃいけない時は、遅かれ早かれ、いつかはやってきます。

もうこれ以上使えない状態まで使ったものは、しょうがないとして、寿命を前に捨てなきゃいけない時は、ホントに悔しい。特に食べ物に関しては、非常に罪悪感があります。

恥ずかしい話、ごはんを作るつもりで、食材を買ったのはいいけど、すごく仕事が忙しくて冷凍する余裕もなく、賞味期限が切れてしまうことが、時々あります。そんな時は、「ごめんなさい」ってあやまって、捨てています。食べ残して、傷んでしまったものもね。もう１００％自分が悪いってわかってるので、反省する意味でもそうしてます。

　また、短くなった鉛筆や、穴があいた靴下を捨てる時は「ありがとう」と言って、ゴミ箱へ。実はこの声かけは母に教わったことで、うちのコドモたちにも、そのまま教えています。

　もちろん、一番いいのは、余計なものを買わずに、必要なものを最後までしっかり使うことですよね。

感謝と反省の気持ちを、確認する。

See you!
小さきものに
神様がやどる

09

古いタオルは、思い切って処分する。

コドモのころー
タオルはもったいないから古くなったらぞうきんにするのよ
母
ガタガタ
ふーん
それ以来古いタオルはなかなか捨てられない
かといって頂き物の新しいタオルもどっさり!!
タオルがぎゅうぎゅう
よしー!
古いタオルを処分して新しいのを出そう!!
TOWEL
タオルも新しいしタオル入れもスッキリ…
一石二鳥!!

CHECK! □ □

タオルって、なかなか交換時期がわかりませんよね?

だんだん硬くなってきて、肌触りも落ちてきてるんだけれども、ある日ビリッて破れるわけじゃない。だいぶ色あせてきてから、やっと交換、ということになります。

昔は、タオルは貴重なものでした。親が、使い古したものは必ず雑巾におろしているのを見ているので、古くなってもなかなか捨てられない。

ということで、どんどん雑巾予備軍がたまっていきます。でも、雑巾もそんなに消費が激しいわけではないので、これまたこの中途半端な予備軍は増える一方。引き出しにぎゅうぎゅうに詰まっていて、中に何が入っているのかわからない。

この際、思い切って増えすぎた古いタオルは処分しました。地域によっては、古布はリサイクルされますよね。

また、うちには頂き物のタオルの箱が、押入れにたくさんありました。これもどんどんおろし、また使いそうにないものは、気持ちだけ頂いて全部バザーに出しました。

不要なタオルがなくなったあとは、かなり収納スペースが空いてスッキリ。

タオルって、インテリアに合わないと使いづらいし、結構好みもあります。私も今まで気軽に贈っていましたが、贈る時にはちょっと考えたいものです。

タオルを押入れにしまい続けても、湿気取りにはならない。

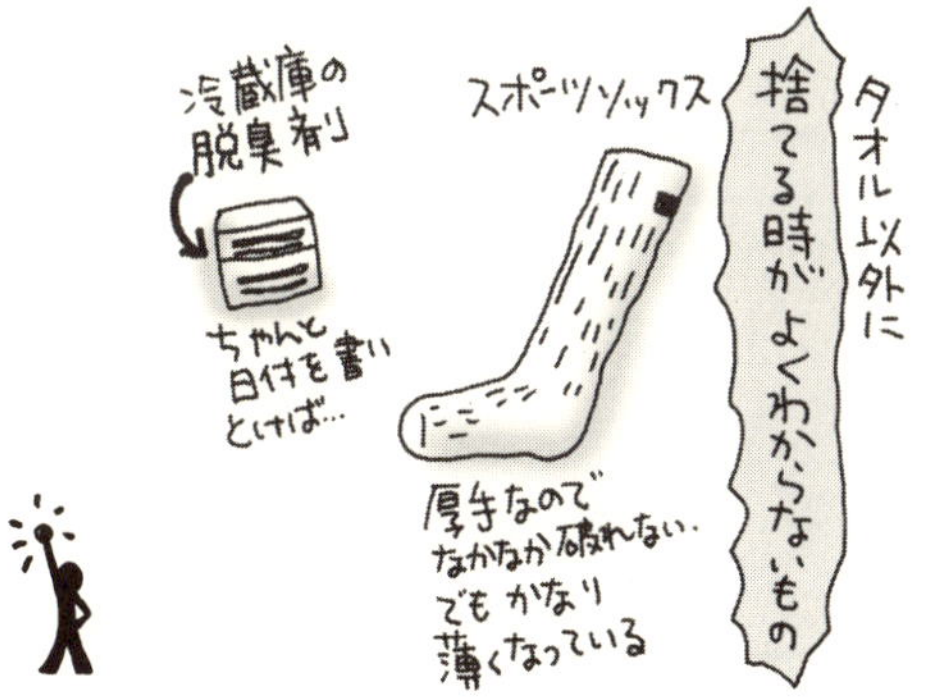

10 靴をみがく。

CHECK!

馬のひづめがしっかりしてると
速く走れそう
車のタイヤも黒々していると
かっこいい
人間もいいスーツを着てても
靴が手入れされていない人より
洗いざらしのシャツでも手入れされた靴をはいている人のほうが
かっこいいと思うんだけど

目は心の窓と言うけど、靴はその人の玄関だと思います。

靴の状態から、その人の家の玄関の状態（靴がそろってるか、乱雑になっているかなど）も、果ては生活態度などが全部見えてしまいそう。

だから男女問わず、靴の印象というのは、とても重要なポイントだと思います。また、足

足元から、その人の生活が見える。

まわりって臭くなりやすいし、足自体もごわごわかさかさになりやすいから、清潔感を保つ、というのも同時に大切ですよね。気を遣っているか遣っていないかの差が、大きく出るところ。その延長で、靴下に気を遣う男性は、おしゃれだなあって思います。

女性はヒールが細くて高い靴をはくことが多いです。靴のヒールのメンテナンスも、ちゃんとしておきたいものですよね。

スニーカーも洗おう
ガシュガシュ

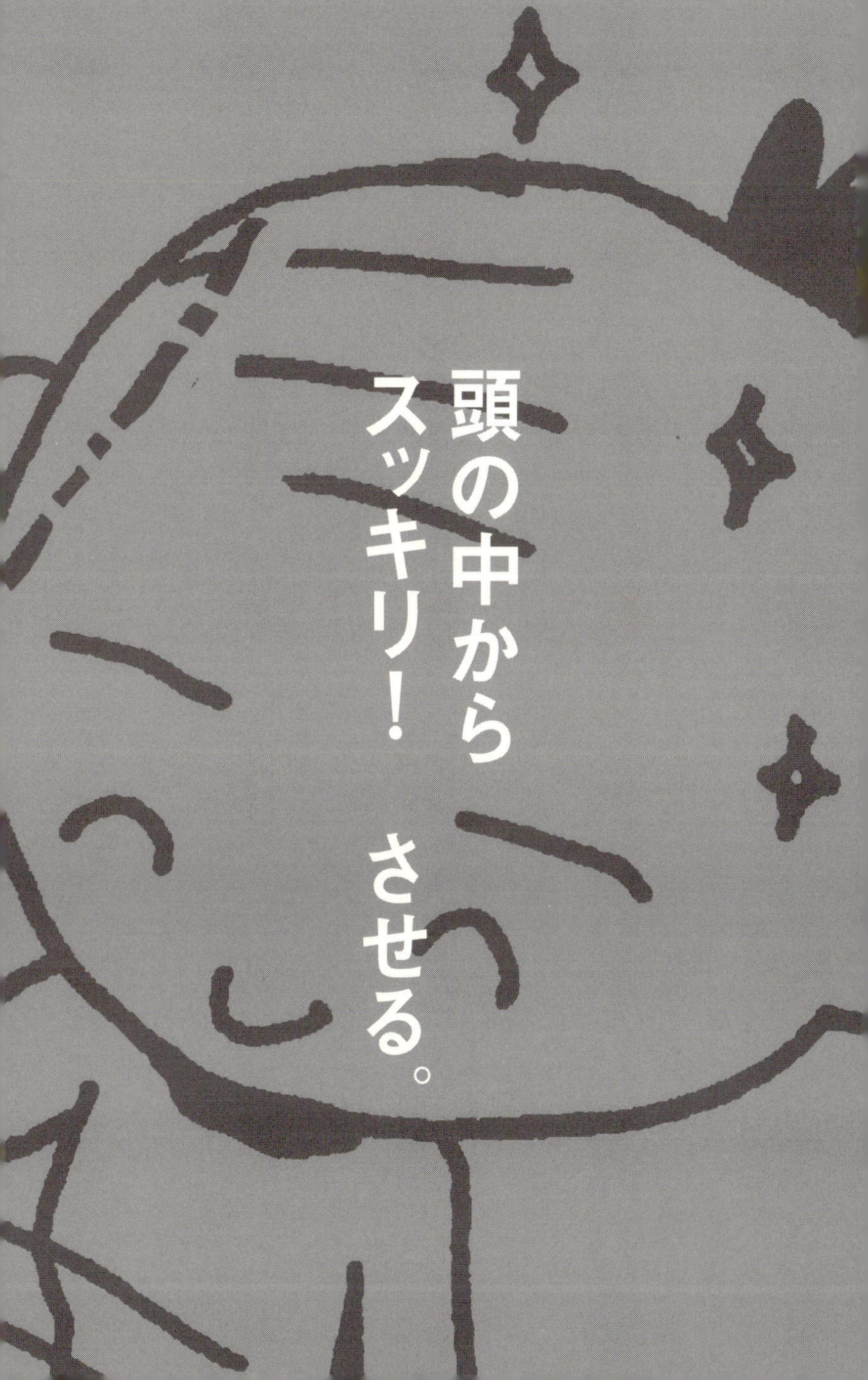

頭の中からスッキリ！させる。

11

アイディアの出し惜しみをしない。

CHECK!

ソーメン流しは
流れてきたものを
その場で食べるから
おいしい
Catch!
でも次から次へと
流れてくるソーメンを
せき止めてしまうと―
このあたり
まずそう
アイディアも
出始めたら
来た!!
頭にためないで
どんどん出そう
どうこれ
どうこれ

アイディアは、生きものです。

だから出たその場で調理するのが、一番おいしい。釣り上げた魚と一緒です。タイミングが勝負！

今は足りてるからまたの機会に使おうって、頭の中にとっておくと、いつの間にか腐って

その場で絞り切る!

別ものになっちゃっているんです。

不思議なもので、ひとつアイディアが出始めると、次から次へと出てくる。全部が全部、面白いものではないのですが、とにかくどんどん書き出して、勢いを止めないようにします。そして、使いみちを、その場で決めてあげる。一旦《いったん》決まりかけたものでも、後から出たもののほうが面白かったら、潔く前のものは席を譲って、二軍へ。

頭の中を絞り切るほど、次に新しいものが出てきやすいんですね。それに、捨てるものが多いほど、その企画って、面白くなっていく気がするんです。

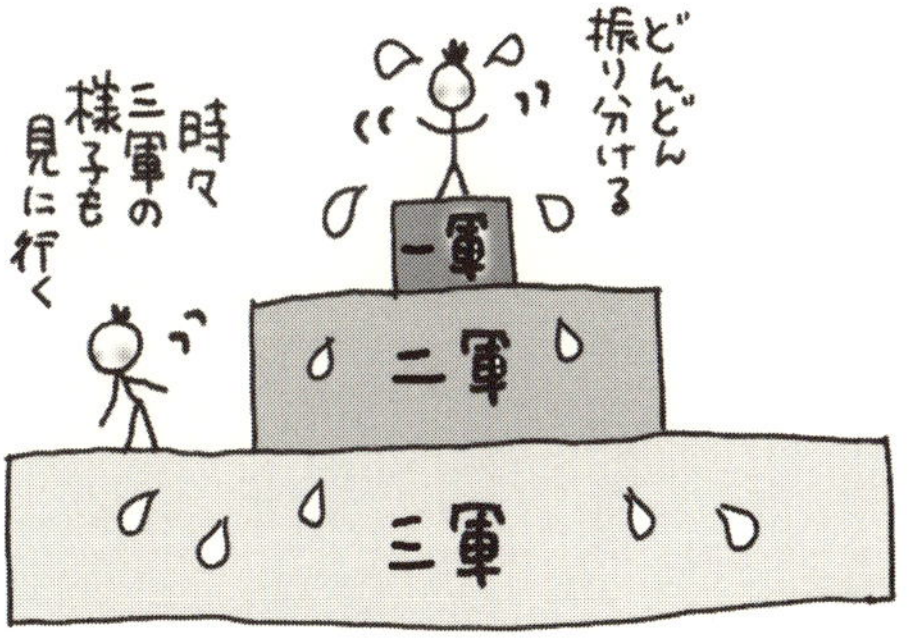

12

考えてもしょうがないことは、ポジティブに祈る。

CHECK! □

自分の持ってる力は、全部出した、あとは結果待ち、という時。受験だったり、就職だったり、いろんな試験だったり、企画会議だったり。

「どうしよう」と思い始めると、待っている間に他のことが全然手につかなくなるので、「大丈夫、うまくいく！」と、思いっきりポジティブに祈りましょう。自分の信じている神様、仏様に、自分の好きなスタイルで。中途半端じゃなく、真剣に心の底から、祈るんです!!

　私の場合は、好きな曲をかけ、好きなお香をたき、手を合わせてひたすら祈る。そして曲が終わったら、終了。さらっと忘れて、他のことを始めるようにしています。結果を待つまでの過ごし方も、「実は神様、見ているかもよ」って思って、自分の背中を押すんです。

　ただし祈る前に、後悔しないくらい全力を出し切るということが、絶対条件ですけどね。

やるだけのことをやったら
果報は寝て待つ!
ZZZ
家内安全
交通安全

起きたことも、ポジティブに受け止めよう。

13

優先順位を、ハッキリさせる。

CHECK! □ □

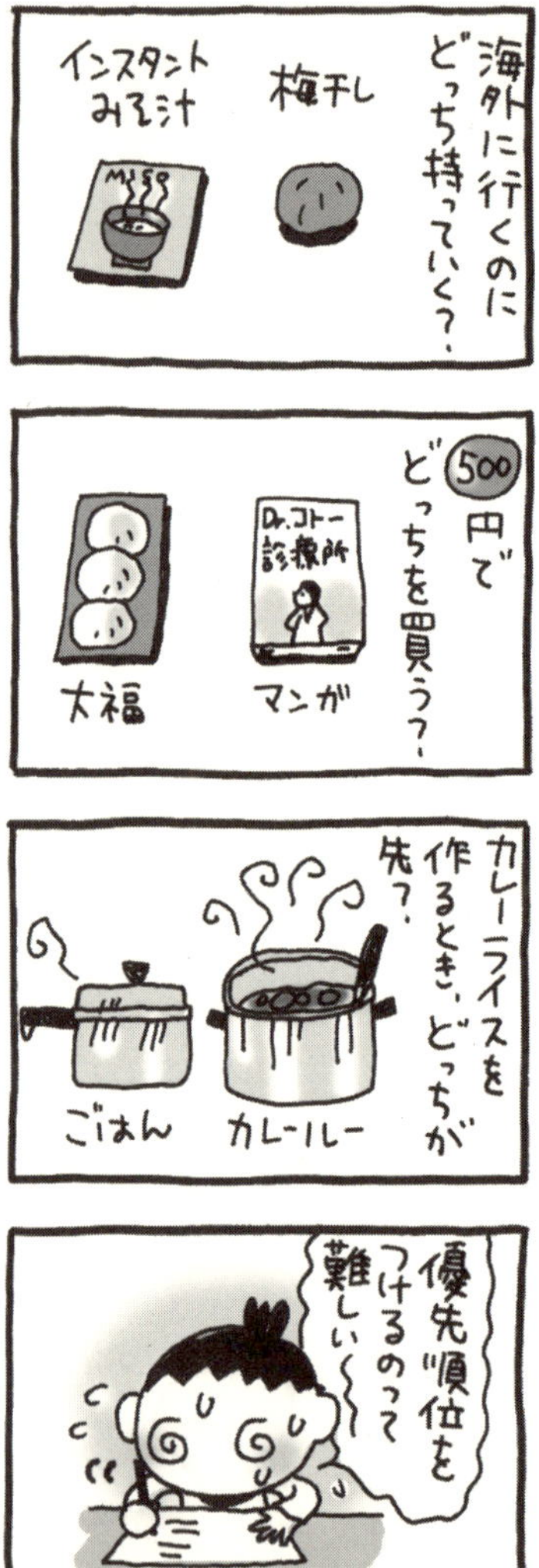

海外に行くのにどっち持っていく?
梅干し
インスタントみそ汁
MISO
500円でどっちを買う?
Dr.コトー診療所
マンガ
大福
カレーライスを作るとき、どっちが先?
カレールー
ごはん
優先順位をつけるのって難しい〜

やらなきゃいけないことを全部書いた紙を目の前に、やる順番をつけていく作業。この段階が一番頭をかかえる、難しいところです。

❶急ぎで、重要。

❷急ぎだけれども、そんなに重要ではない。
❸急ぎじゃないけれども、重要。

どれから、やりますか？　もちろん❶ですよね。次は？　まあ、❷なんですけれども。

実は❸というのが、これからの自分の進む方向に、一番影響すると思うんです。

これは私の経験ですが、2年前くらいから仕事を始める前に、仕事とは関係のない絵を一枚、好きなように描くようにしました。当時仕事で描く絵は、なんとなく決まったタッチだったので、もっといろんな絵を描いてみたい、と思ったのです。でも、そんなに時間の余裕もないので、あまりのめり込まずに、ささっと。

今思うと、このくらいの時期から、仕事の流れが変わったような気がします。

マンガも読みたい
でもごはんも作らなきゃー
ジュー
ジュー
マンガ
絶対マネしないように!!
何を作っているのかわからなくなります

急ぎじゃないけれども、重要なことがある。

14

天気に左右されない。

明日は天気になってほしいので
プレッシャー
ちくちく
ゼッタイ天気にしてよー
天気予報を何度もチェックしたり
気になるー
イライラ
雨だったらどうしよー
ソワソワソワソワ
イライライライライラ
でも天気は
神のみぞ知る!!
しかし当日は雨ー
かっぱ
雨の中バーベキューするぞー!
潔く中止して他のことしようよー!
久しぶりの休みだもん
娘

CHECK! □

何かイベントがある時に、気になるのが天気です。

去年は台風が多くて、何かと気をもみました。なぜかというと、私は山口県宇部市から東京に行く時は飛行機なのですが、その時に限ってはかったように台風がやってくるのです。何度もインターネットで台風情報をチェックしたり、飛行機の運航案内を見たり、落ち着きません。でも、こればっかりはどうしようもありませんよね？　自分の力を、超えちゃってますから。

ですから、こう考えました。本当に東京に行かなきゃいけないんだったら、絶対飛行機は飛ぶ。私は準備だけして、ゆっくり待っていようって。

結果、東京に行く予定に3回台風が当たりましたが、すべて計画どおりに行けました。山口県を台風が直撃した時は、一日に東京に飛ぶ8便中、なんと私が予約した便だけが飛んだのです。他は全便欠航に！

暴風雨の空港を飛び立つ瞬間は、飛行機が揺れに揺れて、なんともスペクタクル!!　でした。

雨ってー
フロントガラス越しに見るとキレイなんだよー

不可抗力の場合は、たんたんとやり過ごそう。

15

結果が出なくても、すぐにあきらめない。

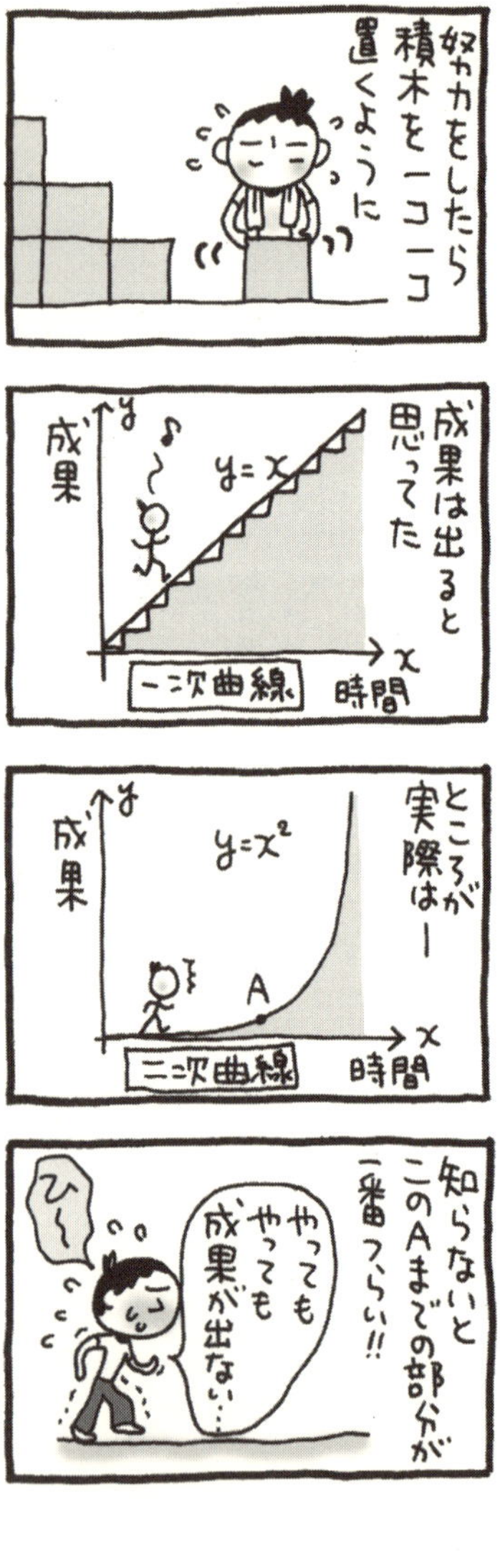

CHECK! □ □

今から約8年くらい前に経営コンサルタントの石原明さんの講演で、「成功曲線」（『成功曲線を描こう』〈一世出版〉に詳しいです）のことを教わりました。

「成功曲線」とはこの「二次曲線」に近いものです。私はこの講演で、ものすごく勇気をもらったのを覚えています。なぜなら、当時、私は右のマンガの3コマ目でいう、A地点。まさしく時間ばっかりたって成果が見えない、あせり始めた頃でした。でも、その後あきらめずに続けてそこを越えたら、ホントに成果が見え始めたのです。

仕事でも習い事でも、この曲線はあてはまると思います。

今思うと、Aまでの〝ダメ〟の部分でためたパワーが、その後がーっと成果を押し上げる原動力になるみたいです。ここはムダどころか、重要な地点なんですね。その時は、あんまりわからないんだけど。

ただし、努力の方向が違ってて、この曲線の上に乗ってないと意味がないので、自分の現在位置と目的地は、チェックしておきたいものです。

全然先は見えないけど
あきらめるなら
あと5歩行ってから
いや、あと10歩!
そんなこんなで
ずーっときています

曲線が伸び上がるまで、もう少し続けよう。

16

仕事は平等にする。

CHECK!

私が建設会社に行きながら、イラストの仕事を始めた頃、会社の先輩に言われたことです。
「いつ誰が見てるかわからないんだから、常に目の前の仕事を全力でやらないと、チャンスを逃すよ」
その先輩はまだ男女格差のある仕事場ながら、一級建築士の免許を持ってバリバリ仕事を

相手に関係なく、常に１００％の力を出せる自分でいよう。

している、9歳年上の女性でした。当時の私は、「イラストレーターとしてやっていきたい！」という志があるものの、まだちっちゃいイラストの仕事しかなくて、「こんな絵、誰が見てくれるんだろう」と、なかばふてくされ状態。ですから、この先輩のコトバは、がーん、ときました。

それから15年たちましたが、彼女の言ったコトバは、今も忘れません。仕事を差別して、自分のエネルギーを出し惜しみしたら、ここぞ！という時に持ってる力が出ないですよね。

夫が出張でいないと
つい手抜きの夕食
仕事は平等にするんじゃなかったのっ～
焼きそばのみ

17 出かける準備は、前の夜にする。

CHECK! □ □

いつもは、朝出かける前に用意をしていた
手帳・ペン！
わー洗濯もの干さなきゃ！
バタバタバタ
朝はやることが多くあわてているので
しまった!!
資料を忘れた!!
出かける前の晩に余裕を持って用意することにした
……
あそこへ行ってここへ行って誰に会って
シミュレーション
玄関近くに用意
カバン↓
資料入れ
買い物袋↓
(帰りにスーパーに寄る)
これでかなりの忘れ物が防げるよ

決して要領がいいほうではないので、早く出かける朝は決まってバタバタします。朝はただでさえ、やることが多いのに。

朝バタバタしている中、出かける準備をすると、出かけたあとで「しまった！　あれ忘れた」というようなことがよくあるんです。悔しい思いを何度もしました。

ですから、前の日にできることは、なるべくするようにしました。持っていくものの準備はもちろん、着る服にアイロンかけたり、カバンと靴の手入れをしたり……。

それ以来、忘れ物がかなり減少。と、同時に夜の準備段階から、翌日の出先モードになれるので、いろんなアイディアがわくんです。例えば「この打ち合わせに、この資料も持っていくと、さらにわかりやすいかも」と思い立って、持っていく資料を追加するとか、「あそこに行ったついでに買い物もできる」と、買い物袋も準備したり。

バタバタ準備をしていた時は、そんなことまで考える余裕は全然ありませんでした。

これは意外でお得な発見です。

明日着ていく服で寝よーっと
朝、楽だし
小学生並みの発想!!

余裕を持って家を出ると、その日のすべてが、うまくいきそうな気がする。

18 いいことも悪いことも、長くは続かない。

CHECK! □ □

潮が満ちる時は
何でもできそう
らくちーん
ぷかぷか
ひく時は――
うわあ――
ザ――ッ
また満ちて
らくちーん
ぷかぷか
ひく時――
やった―
調子いいぞ――っ
いいか悪いかを
決めるのは本人次第
ザーッ

どんなものにも、表と裏があるように、いいことも悪いことも起こります。まるで波が寄せたりひいたりするように。そのスパンは、人それぞれですが、私はそんなに長く続かない、と思っています。そうしたら、いい時は妙な天狗《てんぐ》になることもなく、悪い時も絶望的になることもないですよね。

悪い時に何をするかが、次へのポイントになる。

いい時って、誰でも何をしてもうまくいくもの。

それよりも悪い時にどんなことをするかで、次のいい波に乗れるかが決まると思います。棒立ちだったら、ジャンプできないですよね。ひざを柔らかくして、いつでもかがめるように、そして脚の筋力も必要だから、脚をとめることなく歩き続けましょう。たとえ、ゆっくりでもいいじゃない。

でも、『今が悪い』と思っているのは、実は自分が思い込んでるだけ、ということもあるんです。

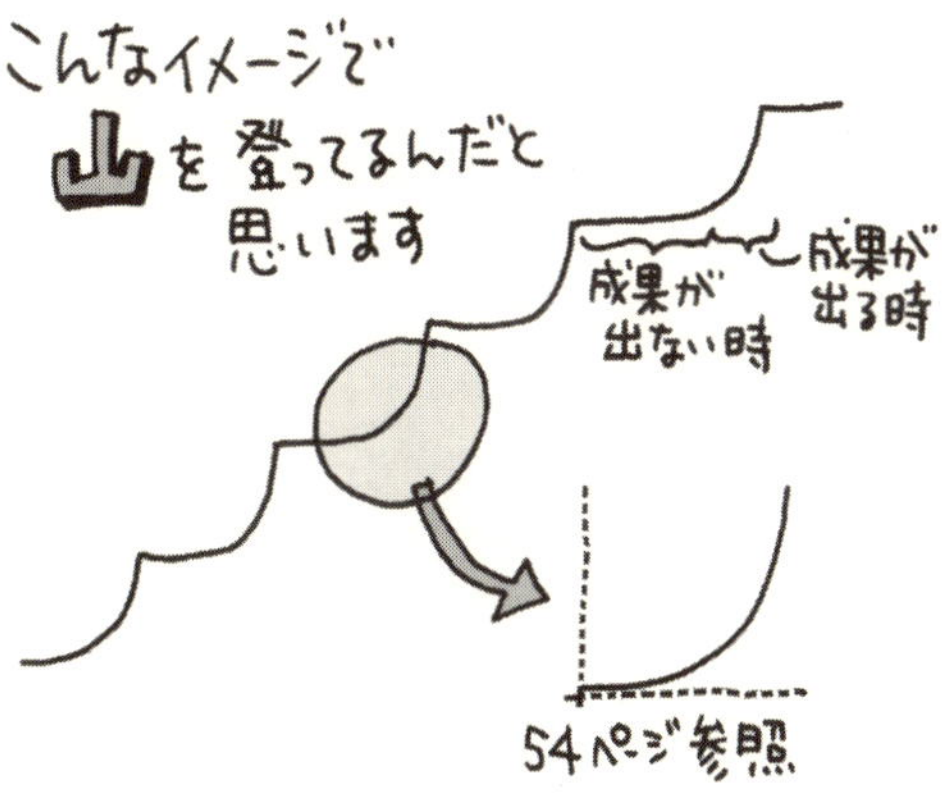
こんなイメージで
山を登ってるんだと
思います
成果が
出ない時
成果が
出る時
54ページ参照

19

時間に追われている時は、思い切って用事をひとつ変更する。

CHECK!

もちつきもちょっとタイミングがずれると－－
痛っ
ぺったん
スケジュールが詰まっている時ひとつ遅れると時間に追われて
パニック!!
そんな時は用事をひとつ変更して空き時間をつくり
一回見て
ぺったん
そしたらもう一度波に乗れるよ
ハイッ
ヨイショ

できそうな気がして、たて続けにスケジュールを入れたはいいけど、途中でひとつが遅れ出すとそのあともガタガタと遅れてしまった、ということがあります。そういう時って、時間に追われてるから集中力も落ち、いろんなことがうまくいかなくなっちゃうんです。ますます、イライラ、悪循環。

例えるなら、みんなで大縄跳びをしていて、途中までみんなうまく飛べたんだけど、一人のタイミングがちょっとずれると、みんな、あとからあとからぼろぼろひっかかる、って感じ。

そんな時は、被害が広がる前に、早急にスケジュールを見なおして、ひとつ思い切ってずらすことにしています。リズムを、もう一度合わせる。みんなが一旦縄跳びから出て、「せーの」でタイミングを合わせて飛び始めれば、また連続して飛べますよね。

美容院に行くのをずーっと延期していたら
落武者みたいなヘアに…
明日は最優先で行こう！

勇気を出して、スケジュールを変更しよう。

20

頭の中を、真っ白にする時間を作る。

CHECK!

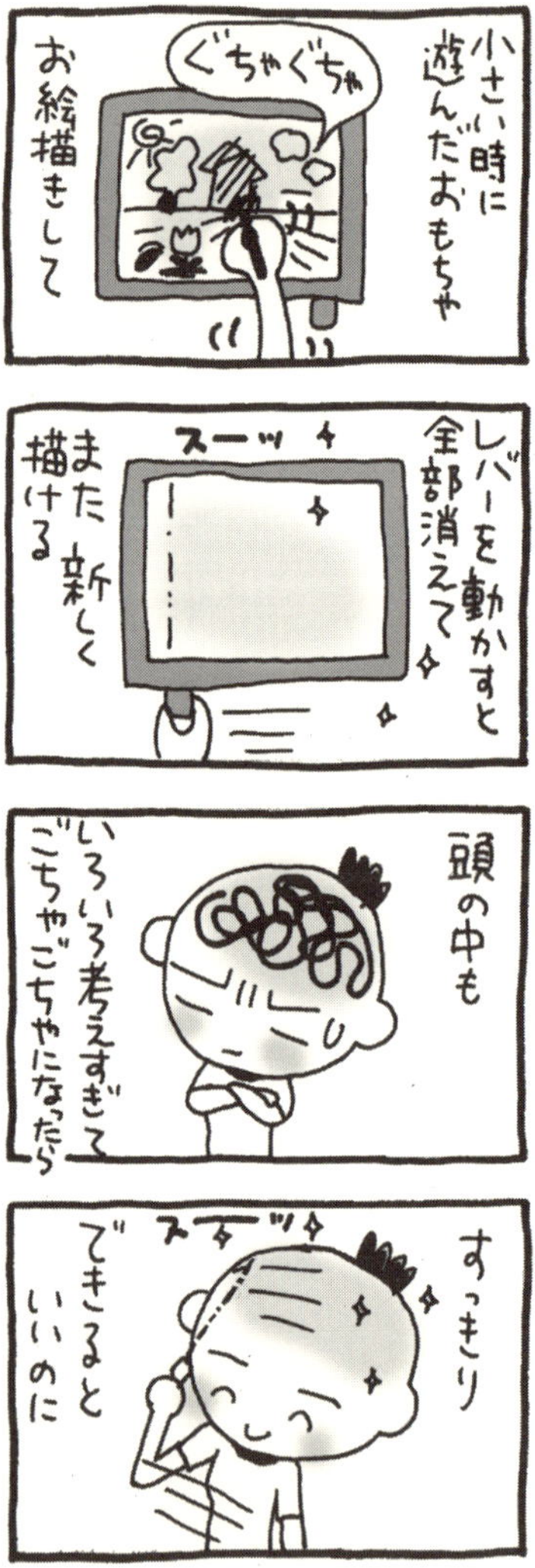
小さい時に遊んだおもちゃ
ぐちゃぐちゃ
お絵描きして
レバーを動かすと全部消えて
スーッ
また新しく描ける
頭の中も
いろいろ考えすぎてごちゃごちゃになったら
すっきり
スーッ
できるといいのに

私は、起きているかぎり、いつも何かを考えています。仕事をしている時はもちろん、ごはんを作りながら、コドモと話しながら、テレビを見ながら。仕事のアイディアをはじめ、「どうしてツバメの尻尾は長いんだろう」とか「どうしてコーヒーは苦いんだろう」とか。

ですから、『頭の中を、真っ白にする時間』はとても大切なんですね。余計なことが、いっさい考えられない時間。今の私にとって、その時間は、ダンスと英会話のレッスンを受けている時です。

ダンスのレッスン中はカラダをコントロールすることに集中してるし、英会話の時も、頭の中の英単語すべてが臨戦態勢に入っているから、余計なことは考えられません。

レッスンが終わって外に出て夜空を見ると、「うわー、現実の世界に帰ってきた」と、しみじみ思います。そうすると、また、新鮮な気持ちで仕事に取り組めるんです。それにレッスン中は、『上大岡トメ』という看板をはずして、一人の生徒になれるので、これもまたいい。

考えなきゃいけないことが多い時こそ、ちょっと違うことをして頭をクリアーにすると、意外にも新しい発見があるかもしれません。

データが飛んだ
こんな「頭がまっ白」はイヤだ。

いろんなチャンネルを、持とう。

21

「自分にはちょっと難しいなぁ」と思う、デジタル製品を使ってみる。

CHECK! □ □

ケイタイで使っている
機能は、
「通話」「メール」
「アラーム」「カメラ」のみ
たぶん5%ぐらい
コドモたちのほうが
私のケイタイを
ガンガン使っている
ゲーム
ムービー
画像編集
楽しそう
最近やっと
待受画面の設定が
できるようになった!
先日行った離島の海の写真
やればできるじゃん
ハードル低すぎ?!

日頃、パソコンを使って仕事をしていますが、〝夫〟という人間サポートセンターの存在でここまで来ました。全面よりかかり状態。

そこでよく彼に言われるのが、「マニュアルを読め!!」というコトバ。でも、読み始めてもどこに書いてあるのかわからなくて、恐ろしいくらいの時間がかかっちゃうんです。ですから、ついつい、人に聞いてしまう。慣れている人って、初めて見るマニュアルでもどこに何が書いてあるのかすぐわかるから、不思議です。

インターネットでの検索も同様で、なかなか目当ての意味をつかめないことがあります。これも、慣れなんでしょうか？

でも少しずつ訓練しようと、最近マニュアルと首っぴきでカーナビにチャレンジしてみました。そうしたら、ハードディスクプレーヤーに好きなCDを録音、タイトルもつけられるようになったのです。以前とは比べられないくらい、車の移動中がかなり快適に！「少しはやるじゃん」と思わず自分をほめました。

レベルはどの程度であれ、自分にはちょっと難しいものへの挑戦は、自信につながるいいきっかけです。

マニュアルを検索する力も、つけよう。

マニュアルを見ればできるんだよー
取扱い説明書
じゃあ自分でビデオの予約してよっ

22

小さくても、目標を持つ。

CHECK! □ □

小学生の時 通学路の横に林があった
ぶどうだー 届かないー
そこを通るたびにみんながジャンプ!! 小学生の目標になった。
ぴょん
ぴょん
ある日ー
届いた〜〜
やればできるんだ!!
ところがー
まじっ
ペッ
渋すぎて食べられなかった

私は目標を持つことは、とても大事なことだと思います。

小学生の時は、毎日、毎週ありましたよね。今週は「廊下は、歩こう」とか、来週は「下校時間を守ろう」って。

なぜかというと、目標があると、『達成する喜び』を味わうことができます。これは、とても幸せな気持ちになるんです。また、次もがんばってみよう、って思える。それは人間のみに与えられた喜びかもしれない。じゃあ、達成できなきゃダメなのか、というと、そうではないんです。

　たとえ最終的に達成できなくても、目標を持っている間は、がんばれますよね。寄り道しちゃっても迷っても、なんとかそこまで行こうと試行錯誤する。そのがんばる力がついていれば、目標は達成できなくても、次の目標はいけるかもしれない。でも、最初は小さめの目標にして、まずは達成感を味わいましょう。

　私も「ムダなまわり道をしているのかな」とずっと思っていましたが、目標を持っていたおかげで、今は『すべて必要なことだった』と思えるようになりました。

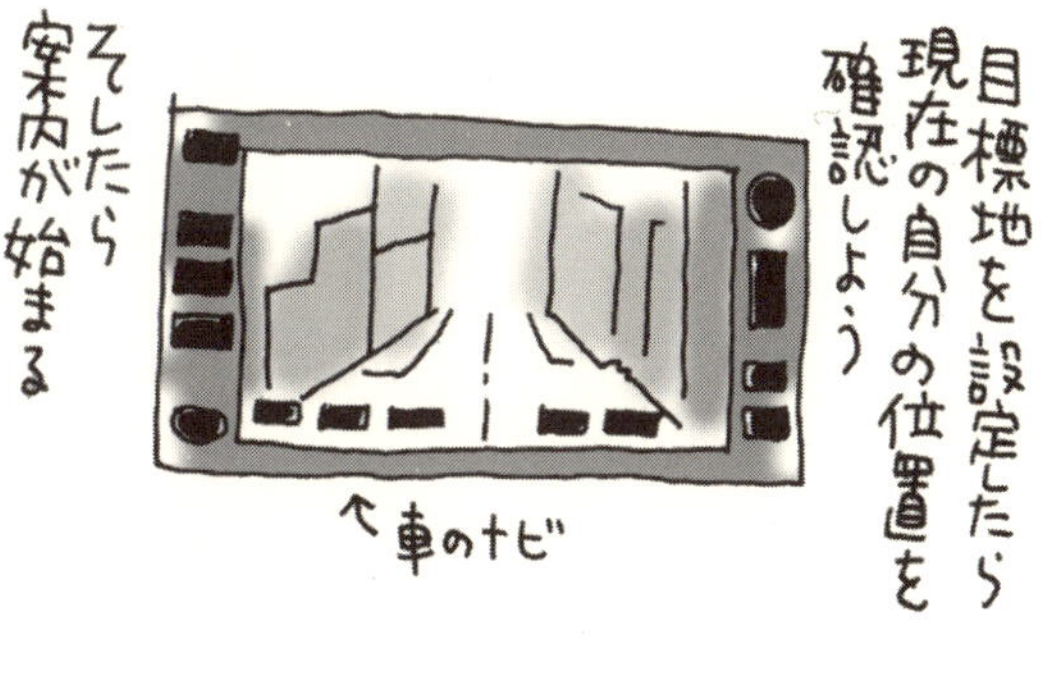
目標地を設定したら
現在の自分の位置を
確認しよう
そしたら
案内が始まる
↑車のナビ

目標があれば、道がそれてても戻ってこられる。

23

夢を目標に変える。

CHECK!

いつかみんなで飲みに行こうなー
おう
この"いつか"は永遠に来ない
でもー
○月○日はどうだ？
OK、みんなに連絡しよう
日にちを決めると実現する
いつかヨーロッパに行きたい…
古城
という夢を実現するには日にちを決めよう
そうすれば今月からいくらためれば…
ムダ遣いはやめよう
パスポートとろう
休みとろう
ホントに行ける！

夢と目標の大きな違いは、「期限を切る」かどうかです。

誰でもなんとなく感じていると思いますが、「いつか、〜したい」の『いつか』は、やってきたためしがありません。ところがそこで何年何月何日、って決めちゃうと、急に現実化します。

夢がとてつもなく大きかったら、そこまで行くにはどうしたらいいのかを段階的に考えて、とにかくやることのアイディアを出す。そしてそれぞれ期限を切って目標にする。期限を切ると、具体的にいろんな作戦が浮かんでくるんですよね。

そうしたらしめたもの、どんどん実行しちゃいましょう。たとえその目標が達成できなくっても、今より断然近づいていると思いませんか？　そう考えたら、〝いつか〟だったことが、いきなり身近なものになって、ドキドキわくわくします。

鳥になりたい・・・
でもこの夢はDNAから変えなきゃいけないから生きてるうちには間に合わないよー

期限を切ったその時から、夢は目標に変わる。

24

いつもやっていることの順番を変える。

CHECK!

毎日やっている、ルーティーンワークって、ありますよね。日常の基礎的な決まった活動とでも言いましょうか。私には〝主婦〟という役割もあるので、家事のルーティーンワークを、仕事の合間をぬってどこでやるのが効率的なのか？　というのは常に大きな課題です。

ある日、いつもやっているルーティーンワークの順番を、なんの気なしに変えました。いつもひととおりのことをやってからしていたメイクを、先にしてみた。そうしたら、なんだか顔がよそ行きになったからなのか、シャキシャキ残りの家事ができたんです！

よく考えたら、毎日同じ順番でやっているけど、別にたいした理由はなかったんですね。

順番を変えただけで、いつもとちょっと違う感じになって、新鮮な刺激になります。

体を洗う順番を変えてみる
あれっ髪の毛って洗ったっけ？
日頃いかに無意識に洗っているかー

同じことの繰り返しは、脳をだめにする。

（『海馬／脳は疲れない』（新潮文庫）池谷裕二、糸井重里著より）

25

昔からの言い伝え、格言を知る。

CHECK! □

「早起きは三文の徳」
わー銀行は朝早いとすいてるー
いらっしゃいませー
「聞くは一時の恥 聞かぬは末代の恥」
『市井』って
へえ〜
『しせい』って読むんだ
「一期一会」
勇気を出して仕事をもちかけてみる
一緒にやりましょう
きかく
ドキドキ
昔の人に背中を押してもらってるみたい
がんばれ

この世には『変えていいもの』と、『変えてはいけないもの』があると思います。『変えていいもの』、それは、自分の考え方やものの見方、また生き方。これらは、どんどんプラスに変えていけたら、楽しいですよね。逆に『変えてはいけないもの』。これは、日本の伝統や文化の一部。これらは、そのままの形を守って伝えていくもの、と思っています。

コトバもそうです。今も語り継がれている言い伝え、格言などのコトバは、たくさん。私の好きな言葉で、「覆水盆に返らず」という格言があります。一旦こぼした水は、どうしたって戻らない、つまり起こったことに何を言っても始まらないという意味ですが、これは英語でもありますよね。

「It is no use crying over spilt milk.」

私はこれをちょっと発展させて、「今、何をすべきことが最良なのかまず考える」という意味でとらえています。

昔の人たちのコトバは、言語の境を超え、時間も超えて、現代の私たちの心に響きます。

先人のアドバイスに、耳を傾けよう。

「朱に交わると赤くなる。」
ずんずん
前向きな人と一緒にいると自分も前向きになる

心の中からスッキリ！　させる。

26

アドバイスには、素直に「はい、やってみます」と言ってみる。

CHECK!

編集
トメさん、時間がないのはわかるけど、色つけたほうがいいよ
はぁー　わかってるんですけど　締め切り近いしー
先輩
デッサンの勉強はしておいたほうがいいよー
はぁー　わかってるんですけど　なかなか時間とれなくてね
バーレッスンはちゃんとやっといたほうがいいよ
ダンスの先生
そうですねー　ボチボチやりたいんですけどねぇー
「はい、やってみます」って言ってみなよ!!

いつの頃からか、素直に人の話を聞くことができなくなっていました。

小学生の頃は、素直だったのにね。いつの間にかよろいを着ていました。何か言われても、よろいの外のことは絶対できない、言いなりになりたくない、と勝手に思ってがちゃがちゃ音をたてて、歩いていました。

　ところが、34歳で柔道を始めた時のこと。先生に稽古以外で『走ること』と『筋トレ』を勧められました。正直心の中では「それは今の私の年齢では、キツイ。稽古するのが精一杯」と思いました。でも考えたんです。ここで「できません」って言ったら、いつまでも強くなれない。この年齢で始めようと決めたのは自分だし、とりあえず、「ハイ、やってみます」と言ってやってみよう、って。それから、自転車屋さんでもらった古いタイヤをひたすらひっぱって腕や肩の筋肉つけたり、近所の公園を走ったりしました。おかげで、1年後に黒帯を修得！

　それ以来、自分の尊敬する人、信頼する人のアドバイスは「はい、やってみます」と答えるようにしました。たとえ心の中では『ゼッタイ無理！』と思ってもね。とにかく1回はやってみる。できなかったら、また考えればいい。

　さんざん着てきたよろいを今、勇気を出して脱ぐ。武装解除。そこから勝ち取った素直さこそは、武器になると確信しています。

外角低めだって打てるはずっ!!
打てないと思っているのは自分だけかも
ゴオー

自分で「できない」と思っていることに挑戦することは、自分の枠から出るチャンス。

27

「自分らしくない」と思うことをしてみる。

CHECK!

私はもともとファッション雑誌でアートっぽい仕事をしたかった
八等身
オシャレな感じ
でも一度ギャグっぽく絵を描いたら
2等身
あ、それがいい！このタッチで描いてください
こんなの、私の絵じゃない〜
と思いつつはや15年…
一番自分らしい絵になっている
とやっ
そろそろ違う絵を描いてみようか

「自分らしく」というコトバは、結構いい意味で使われることが多いです。「自分らしい生き方」「自分らしい仕事」「自分らしい服装」なんて。まわりに流されずにマイペースを保つことも、確かに大事です。でも、無意識のうちに、「自分らしさ」に縛られてしまうこともあるのでは。時には思い切って「自分らしさ」を破ることも、いいのではないでしょうか？

たとえば、ひとつ何かいい結果を出すと、無意識にその自分のスタイルを守りたくなります。特に仕事の場合。わざわざ新しいことをして、人から何か言われて傷つかなくってもいーじゃん、っていう防衛本能が働いてしまうんです。でもそれじゃあ、つまらないし、次のステップにも行けない。

「自分らしさ」は自分が決めること。どんどん変えても、いいですよね。実は、「自分らしくない」と思っている ところに、次の「自分らしさ」があるかもしれない。

「自分らしくない」ところで、新しい自分に会えるかも。

28

（あんまり）人に期待しない。

CHECK! □ □

近しい関係の人、特に家族にはつい、いろいろと期待をしてしまいます。

特に家の手伝いは、ついあてにしてしまう。あてにすると、やってもらって当たり前と思っちゃうし、やらないと責めてしまう。

ですから、最近はあんまり期待しないようにしています。そうすると、やってもらうと感謝の気持ちは倍増。それに、本当にやってほしい時は、はっきり口で「○○をしておいて」と、お願いしたほうがいいです。言わなくても気がついてやってくれるだろうという期待が、一番よくない。

　コドモたちに対しても、そうです。

　勉強、運動もこちらが心の中で勝手に期待するより、力を発揮できるような、具体的な応援をしてあげたい、と思っています。

　全然期待がないのもさびしいですが、多くても負担。期待は、するのもされるのも、ほどほどがいいですね。

あてにしないけど、応援はする。

うわっ
夫がゴブジャーを乾燥機に入れてくれてるし
ガーン
よれよれ

29

気乗りしなくなっても、「行く」と決めた場所には、とにかく行ってみる。

CHECK! □

明日打ち合わせなのに資料ができてない〜
仮病使ってキャンセルしようかなー
ところが翌日の打ち合わせですごいアイディアが!!
Good idea!!
キャンセルしないでよかったー
明日から取材で出張 仕事を早めに終わらせて ごはん作ったり 洗濯もしなきゃー
行くのめんどくさー!!
ところが現地に行ってみるとー
うわー すっごいキレイな海!!
来てよかったー

ありませんか？　こういうこと。私は、よくあります。

見たいライブ、行きたい美術館、取材旅行、打ち合わせ。日にちを決めた時は、すごいワクワクしているんです。でも間近になって『資料が納得できるところまでできてない』とか、

『ここで外出すると、仕事のスケジュールが、ますますきつくなっちゃう』など、マイナス要因ばかりが目について、行くのがいやになる。

　でも、そういう時に限って力を振り絞って行くと、「来てよかった〜」っていうことがすごく多いのですよね。例えば仕事が長引いちゃって、ライブの開始時間からだいぶ過ぎちゃった。今から行っても、30分くらいしか聴けない。でも、そこであきらめずに行くと、その場でしか得られないものって必ずあるんですね。

　最初に『行こう!』と思った時の自分の直感は、信じてあげましょう。ちょっと遅くなっても、めんどくさくなっちゃっても、わざわざ足を運ぶことに、ごほうびがあるんです、きっと。

その場に行くことが、大事。

ある島の小学校を取材させてもらった時のこと
トメさんでしょ! おかあさんと「キッパリ!」読んだよー
こんな所にまで!!
むっちゃ嬉しかった!

30

人にしたことは、いつか自分に戻ってくる。

通りすがりのおばあさんの荷物を持ってあげたら
ありがとうございます
それはひ孫さんにあげるお菓子だった
ひ孫は喜んで飼い犬のコロにおすそわけ
コロも喜んでお隣のジョンにおすそわけ
ジョン↓
そしてある日ー
締め切り明け
ボーッ
ブー
フラフラ
たまたま通りかかったジョンが私を助けてくれたのだった
ドン
どこ見て歩いてんだっ

CHECK!

「なんで全然知らない人にも、親切にしなきゃいけないの？」

と、コドモが小さい頃に、聞かれたことがあります。

「人にしたことって、めぐりめぐって、なんらかの形で自分に戻ってくるんだよ」って答えました。はっきりした根拠はないんですが、まるでブーメランのように戻ってくるって思っています。

　それがいつなのか、また、自分に戻ってくるのか、まわりの人に戻ってくるのか、環境に戻ってくるのか、わからないけど。『風が吹くと、桶屋《おけや》がもうかる』っていう、昔からの言い伝えがあります。それに近い！

　そう思っていたら、何かいやなことをされても、感情的にムキになることはなく、冷静に対応できるんです。心の中で、「こいつは、やがて自分でももっといやな目にあう」って確信しているから。

　逆に、自分も『いやだな』と思うことは、絶対人にできません。

　でも、人に親切にして喜んでもらえると、ブーメランが戻ってくるのを待つまでもなく、その時点でかなり幸せな気分になるよね。

自分のしてほしいと思うことを、人にしよう。

いっぱいブーメランを投げておこう！

31

自分がごきげんになれる切り札を、作っておく。

CHECK!

ポパイにはほうれんそう
ドラえもんにはドラ焼き
くまのプーさんにははちみつ
HONEY
私のごきげんになれるものっ？…っ？
ニャー
ニャー

元気でごきげんな時って、なんでもできそうな気がしますよね。

ですから、自分をいつもそんな状況に保っておけさえすれば、仕事でもなんでも、がしがしできる。でも実際は、いつもごきげんってわけには、なかなかいきません。

そこで、「これさえあれば、私はごきげんになれる！」っていうものを、あらかじめ作っておくといいと思います。そして自分に刷り込む！

私の場合は、ギタリストの押尾コータローさんの、CD、DVD。

押尾さんの、どう見ても一人で弾いているようには見えないギターを聴いていると、「人間ってここまでできるんだ！　同じ人間だから、ジャンルが違っても私だってまだできるはず！」って勇気がわくんです。

それ以来、おっくうな家事も、押尾さんのライブDVDをつけていたら、テキパキと片付けられるようになりました。今では、ついていればもう自然と、カラダが動きます。数えられないほど見てるから、MCのギャグまで、言えちゃうほど。

こういう思い込みと条件反射は、どんどん活用しましょう。

何度聴いても必ず拍手してしまう押尾さんの「BOLERO《ボレロ》」
ブラボー～
パチパチ
パチパチ
一回聴いてみて～！
←しかも正座

作っておくだけで嬉しくなる、『ごきげんセット』を持とう。

32

忘れられないことは、無理に忘れなくてもいい。

CHECK! □

すっごーい好きだった人
でも一緒にいることができなくってー
う〜い飲んで忘れるぞーい
ひっくひっくひっく
無理に忘れることはないよそのまま残しておけばいい
風化すると何故かキレイなことばかり残る
もちろん忘れちゃいけないことはしっかり覚えておこう
へ?!
今日締め切り?
忘れてたー

誰でも同じだと思いますが、今まで失恋を何回か経験しました。

目が溶けるくらい泣いて、そのあといつも決まって思うのが、「早く忘れよう！」。何日までには、忘れるぞ！　とか、勝手に自分で期限を決めるのですが、もちろんできたためしはありません。そうすると、忘れられない自分をますます責めたり。でも、〝人を好きになる〟

「忘れよう」とするエネルギーを、他に生かそう。

ってことは、すごく心の奥深くまで刻み込まれることだから、そうカンタンにその跡が埋まることはないですよね。本気だったほど、その跡は深い。

最近、思うんです。恋に限らず、忘れられないことは、無理に忘れることはないって。自分の都合のいいように、キレイな思い出で残しましょう。

と同時に、何か他のことを一生懸命やろう。今の仕事でも習い事でも、新しく何かを始めてもいい。途中で、その人の思いにとらわれちゃったら、まだ余力がある証拠。もっとがんばれる。

さらにいい仕事なり、いい活動がきっとできるチャンスです。

忘れちゃったことって
どこに行くんだろう…
時々
戻ってくるしね

33 何かを手に入れる時は、何かを手放す。

CHECK!

おいしいコーヒーを飲みたい、と思ったら、今コップに残っているさめたコーヒーは、捨てしまったほうがいいですよね。そこに、淹《い》れたての熱いコーヒーを入れたほうがいい。

おいしいビールも同じことです。つぎたしは、おいしくない。

アイディアもそうです。私は考え続けて煮詰まると、そのアイディアをまるごと捨てて、一旦頭を空にします。それから新しいのを考え始める。そうすると、今までと違った新鮮なものを考えついたりするんです。

逆に、「最初からここまでは残して、次から変えよう」とすると、かえってつらい。ぬるくて味が変わったコーヒーと、熱くて香ばしいコーヒーが、混じり合ってますますおいしくない。

何か新しいことを始める時、また習う時もそうだと思います。いったん頭を潔く空にする。今までの知識を捨てちゃうんです。そのほうが、どんどん新しいことを、吸収できちゃいますよ。

新しいものを得るときは、今持っているものを、潔く空にしよう。

気分はいつも手ぶらがいいなぁー

34

一人でも、行儀よく食べる。

CHECK!

今日の昼ごはんは冷蔵庫に唯一残っていたカップ納豆
冷やごはん
カップ納豆
あとで茶碗を洗うのがめんどくさいからカップの上によそっちゃえ
ペタペタ
カップ
もりもり
雑誌を読みながらページをはしでめくる
なんかこれはいけないと思う

一人でごはんを食べる時に、「いただきます」って言いますか？

最近私は、言ってないことに気がついたんです。家で一人でごはんを食べている時に、「はっ」としました。それ以外にも、かなり行儀が悪くなっている。立てひざついたり、つくだ煮の瓶に、自分のはしをつっ込んだり、売っているパッケージから、そのまま食べたり。

食べ方に、その人の性格が出る。

コドモたちには日頃から「やっちゃいかん!」と言ってることを、一人の時にやっていたんですね……。

「食べること」って、ただおなかをいっぱいにするだけじゃない、と思います。盛りつけやはしの使い方、食べ方などの文化の部分、また食べ物に対して感謝する気持ち。そういう部分は、とても大切にしたいです。だからいまだにはしがちゃんと使えないうちのコドモ、なんとかちゃんと使えるようにしてあげたい。

堅苦しくするのではなく、楽しくごはんを食べられるように、行儀よく食べたいですね。

晩ごはんの品数が少ない時は、
ランチョンマットでごまかす!!

35

迷った時は、「誰がやりたいの？」と、聞いてみる。

CHECK!

仕事てんこもり
コドモのこと
家のこと
その他モロモロ…
パァーン
仕事
コドモ
仕事
家事
用事
もろもろ
ねえねえ 誰がやりたいの？
は〜い…
そろ〜り
もう一人の私
そうだよ〜 じゃあ 自分で やるしかないんだ
うんうん
手伝うよ

仕事が佳境なんだけれども、それ以外にもやらなきゃいけないことが、てんこ盛り。眠れる時間も少なくなるから眠いし、つらいし、

「ああ、もうどうすりゃいいんだ！」

って、今、自分のやっていることに迷い始めた時。
そっと聞いてみましょう。
「誰がやりたいの？」って。
そこで、自分の手が上がったら、やるしかないよね。
そう腹をくくったら、解決策は、きっとある！

今、自分がいる場所は、
今まで自分が選んできた結果。

今はどれにしよう
いろんな顔があるからいいこともあるんだ
妻
母
イラストレーター
嫁

36

読んだことのないジャンルの本を読む。

少女マンガを中心に読み育ってきた私
青年マンガのトビラってなかなか開けることができない
ドキドキ
青年マンガ
でもあるきっかけでそのトビラを開けると
そろり
どわー
すっげー広い!!

CHECK!

とにかく本が好きです。特にマンガには目がない！

私が大学で建築科に進んだのも、吉野朔実さんの『月下の一群』というマンガの舞台が建築学科だったからで、それほどマンガに影響されています。

でも、読む本のジャンルは決まっていて、ヒューマンでハッピーエンドなもの。逆にテーマが社会問題、政治、経済とか重いものはパス。あと、バイオレンスものも、血がどろどろ出てくるものも、苦手でした。

そんな私の読書人生をがらっと変えた本が、2冊あります。

1冊目は『ベルセルク』（三浦建太郎著、白泉社）。友達があまりに熱く語るので、借りてみました。絵は暗いし、血はどろどろだくだくな感じ。でも、読み始めたらはまった!!　ストーリーが深く、とにかく展開から目が離せなくて、読むのをやめられない。

そして2冊目は『家族狩り』（天童荒太著、新潮社）。

きっかけは、「ほぼ日刊イトイ新聞」の天童さんのインタビュー記事を読んで、すごく興味を持ったからです。テーマは「ひきこもり」「虐待」「家庭崩壊」というかなり重いものですが、これも一気に読みました。

今まで避けて通っていたテーマと向き合ったことで、得たものは計り知れない。今まで読んだことのなかった本を手に、発見の旅に出かけましょう!

「好き」「キライ」と決める前に、まずは読んでみよう。

37 起きたことは、すべて必然、と思う。

お好み焼きを作ろうと思ったのに小麦粉がナイ…
今日は野菜いための日なんだよー
お好み焼き楽しみにしてたのに〜〜
車を壁にこする
ぎゃあっ
がりがりがりがり
これは厄払い!!
ここで気を引き締めることで大きい事故を防げたんだ!!

CHECK! □ □

これは今までも、よくあったんですが、前作の『キッパリ!』を出したあと、さらに確信を持ちました。

自分で決断してあることを始めようとすると、必ず何か起こるんです。それも、必ず障害になるようなことが。『キッパリ!』の時もまさしくそうでした。企画もなかなかカンタンには通らなかったし、本になるって決まってからも、時間がかかっているし。でも、今思えばその時その時、あきらめずに全力を尽くしたから、結果的にはいい方向に転んだんだと思います。

　きっと神様が何か障害になるようなことをわざと起こして、私が本気かどうか試しているんですね。そこをめげずに冷静に対処したら、うまくいく。そう思ったら、何が起こってもパニックになることなく、ポジティブにとらえられるようになってきました。

「大丈夫、すべてはうまくいっている」（『キッパリ!』59ページ）と都合よく受け取って、次に行きましょう。

何かを決断して始めた時に障害が起こったら、うまくいくチャンスと思おう。

原稿、保存しそこなった～
カクカク
き、きっともっといいのが書けるんだ!!

38 どうしても やる気が出ない時は、誰かに一本電話する。

CHECK!

やる気がおきん〜〜
誰かに電話しよ〜〜
でも締め切りは近づいてる〜〜
ズルッ ズルッ
この時間まだ編集さんはいないし〜
そうだ!!
ピポパポ
わたしリカちゃん
よっしゃあ!!
今日はリカはねえ
リカちゃんがんばってるから私も!!

電話に出る時って、誰でも一瞬〝よそゆき〟になりますよね。

だから、どうしてもやる気が出なくてぐだぐだしてる時でも、電話に出ると、しゃんとすることができます。これをやる気を出さなきゃいけない時に生かさない手は、ないです。

相手が元気な人、仕事モードになってる人、テンションが高い人だと、さらに効果テキメン。電話を切った時には、つられてこっちもかなりやる気モードになっています。

そういう電話をできる人が、いつもいるといいですよね。時間帯で、朝だったらこの人、夕方だったらこの人、とか。ただし、相手の迷惑にならないように、またくれぐれも、その電話で話し込まないようにしましょう。〝電話やる気同盟〟など作って、事情を知っている者同士が、お互い励まし合ってもいいかも。

「今、がんばっている人がいるから、私ももう少しがんばろー」と思えたら、しめたものです。

電話をすることで、自分のチャンネルも切りかえよう。

39

「なんで私がやらなきゃいけないの？」と、思わない。

CHECK! □

トイレに入るとー
はっ
トイレットペーパーがない!!
次に入った時もー
また
ないっ!!
なんで私ばっかり!!
ドッカーン
イライラ
でもここは冷静に家族会議にかけよう

うちは、共働きです。夫は会社員で、私は家で仕事。ですから、どうしても家にいる私のほうが、仕事以外でやらなきゃいけない用事が多いんですね。家事をはじめ、地域のことやコドモ関連のこと。いわゆる『(家に) いたもん負け』と、呼んでいますが。

仕事が忙しい時は、特に思います。洗濯物を干しながら、部屋を片付けながら、晩ごはんのしたくをしながら「なんで私ばっかりやんなきゃいけないの?」って。ホントにぶーたれたくなります。

でも、これを言ってしまうとキリがないんです。だって、夫は会社に行かなきゃいけないし、コドモたちも学校があるし。やりたくても、できない状況なんですから。文句を言っても解決しないので、どうやってこのストレスに打ち勝てるかを考えてみました。

❶「思っても、しょうがない」と腹をくくって、機械的にもくもくとやる。

❷でもその際、「自分がどんな状況で、やらなきゃいけないことがどれだけあるのか、そして手伝ってもらえたらどれだけ助かるか」を、冷静にかつ常に家族にアピール。まちがっても、感情的にならないように。

一番疲れるのは、「なんで私ばっかり!!」と叫びながら、一人で背負っていやいやること。これも「ブーメラン現象」。自分が「なんとかしよう」という姿でいれば、家族は手伝ってくれるでしょう、たぶん。

冷静に助けを求めよう。

実は夫も——
なんでいつもオレがティッシュを使おうとすると空なんだ!!
最後の1枚を使った奴は、新しい箱を出しとけ!!

40

「大の字」で、寝転んでみる。

CHECK!

今までガタガタしていたのが
ウソのように、
時間の流れが
ゆっくりに感じる。

空はいつもここで
こうやって、
私を見ていたんだ。

ただし、
寝転ぶ場所は
選ぼうね。

一番身近な「パノラマ」を、楽しもう。

あの人大丈夫かしら…
救急車を呼んだほうが…
がばっ

カラダからスッキリ！させる。

41

とにかく、歩いてみる。

CHECK! □ □

仕事に詰まった時は
机にかじりついても
何も出ない
そんな時はー
とにかく歩いて
みよう
・・・
トイレに
行ったり
水飲んだり
・・・
ポストを見に
行ったり
・・・
景色を変えながら
考えるのだー
洗濯物乾くかなー

アイディアに詰まった時は、とにかく歩くことにしています。

トイレに行く、飲み物を取りにいく、郵便物を見にいく。

そのあたりを、ぐるぐる、森の熊のように、歩いてみる。歩きながら、とにかく考え続けます。

景色が変わるし、なんだか空気も変わる。脚とか手とか、カラダの一部を動かしていると、血液の循環もよくなります。

だからか、散歩をすると、実にいろんなことが頭に浮かぶんですよね。

みんなで打ち合わせをしていてなんだか行き詰まった時は、立ち上がって話し合うのはいかが？

煮詰まった時は、とりあえずトイレに行こう。

車を運転していると
よく思いつく
それもなぜか左にハンドルを
切った時
あっ

42

便秘は解消する。

CHECK!

おしっこ
うんち
余分なものの代表選手
もう3日も出てない
便秘は生ゴミを体にためるようなもん
食べたら出る!!
にょろ〜
ところてん製造器
これが自然!
これが理想!
便秘が解消されると人生観変わります。
WC
ザー
これホント

これは、本当です。

私は、むちゃくちゃ便秘でした。妊娠、出産するまで。1週間出ないのが、普通だったんです。ちなみに他の症状といえば、低血圧、低体温、冷え性、ひどい生理痛。うーん、女性なら誰にでも身に覚えのあるようなものばかり。

ところが、今は便秘してません。

毎日毎日、出る出る（お食事中の方、ごめんなさい）。何がきっかけなのかは特定できないのですが、とにかく水を飲み、運動をして、繊維質の食事やサプリメントをしっかりとるようになったからかな。また、必ず「出す！」と決めています。今は1日でも出ないと、カラダが重くなった気がして落ち着きませんから、人間、変われば変わるもんです。

また、ダイエットも、体質を改善するにも、ますます元気になるのも、まず基本は快便でしょう。

便秘の解消は、一番わかりやすい「スッキリ！」感。

快便に快食、快眠がつくと、なんでもできそうな気持ちになる。

やったー!!
ポルトガル料理でたくさん豆を食べた翌朝ー
今まで経験したことがないぐらいの量が出た!!
すごい嬉しかった。

43

自分のカラダに興味を持つ。

CHECK! □

30代もなかばを過ぎると欲しくもないのに
おなか
だぶ
わき腹
だぶ
ここは大きな分かれ道
見ないふり
何とかしよう
爪が傷んできたら
すぐ割れて欠けちゃうー
ここも大きな分かれ道
マニキュアでごまかそう
食生活を見直そう

自分のカラダの中で、気に入らないところって、ありますよね?

私は、いっぱいありました。天然パーマもいやだったし、アバラ骨が浮いているのもいやだし、胸はないし、異様に長い首も、すぐ肩が凝るから好きではなかった。

でも、自分のカラダは、どこにでも自分を連れていってくれる乗り物。いわば車みたいなものです。でも本当の車と違って文句を言っても、パーツを替えることはできないんですよね。だから性能も、外観も、今持ってるもので自分の気に入るようにしなくてはいけない。その割には、「ちゃんと動いて当たり前」なんて思っていました。

　カラダって中からいろいろ信号を出しています。肩が凝る、だるい、胃が痛い、疲れがとれない。そんな信号も、ちゃんと聞いてあげましょう。また、体重や体脂肪率も常に把握して、自分のカラダの現状を受け入れる。それから最良のメンテナンスを考えよう。

　どんなカラダでも、取り扱い責任者は自分しかいないんです。

いつもがんばっているカラダに、感謝しよう。

44

ダイエットするなら、本気でする。

CHECK!

「トメさんっていーよね、太らない体質で」

と、昔からよく言われますが、そんなわけないでしょう！　いわゆる『中年太り』の域だし。やせていたって重力には逆らえず、何もしなければどんどんカラダの線は崩れていく！　ということに気づいたのが、30代も前半の頃。それ以来、ダンスのレッスンはもちろん、家でもストレッチ、腹筋を欠かさない生活です。

なぜかというと、カラダがちゃんとできているということは、私にとっては自信につながるんです。服も、好きなものを選べる。ですから、ちょっとなまけてウエストまわりがだぶついてくると、危機感でひたすら腹筋背筋！　本気でカラダをキープしたいから。おかげで今までカラダが大きく崩れることは、ありませんでした。

何度ダイエットにトライしても、うまくいかない人、また、成功してどんどんキレイになる人。両ケースとも私のまわりに、たくさんいます。その分かれ目は「本気でやせたいかどうか」だけ、にあるように見えます。

ホントにダイエットをするなら、まず自分に「本気？」と聞いてから。そして栄養の勉強をし、作戦をちゃんとたてて実行しましょう。運動と栄養とメンタルのバランスをしっかりとって、くれぐれも食べないダイエットはやめましょうね。

顔だけ太る方法はないのか〜
すぐほおがこけちゃうタイプ
カラダは太っても…

「やりたい」と「やる」は、雲泥の差。

45

年齢に甘えない。

CHECK!

まだ小さいからバナナを半分しか食べられないさっちゃん
あ〜
まだ小学生ー
もう20歳よー
おばさんだねー
39歳
まだ75歳人生これからよ〜〜
「まだ○○歳」と言うか、「もう○○歳」と言うかは自分次第

『まだ若い』とか『もう若くない』って、誰が決めるんでしょう？

自分ですよね。

大学生になりたての18歳の頃、30歳くらいの人がすごく年上に、いわゆる〝おばさん〟に感じました。でも、今39歳の自分から見ると、30歳がすごく若く見えること！

年齢を味方にしよう。

年を重ねると、体力とか疲労回復力とか、失うものはあります。10代、20代には、かなわない。シワ、シミ、たるみも気になる。でも逆に経験が増え、ものごとのつながりを発見する力がさらにつく。考え方も深さを増すし、集中力も冴える。

また、〝チャレンジ〟なのか〝無謀〟なのか判断するのも、自分自身。

『この年齢だから、今やってみる』『この年だから、やらない』、どちらを選びますか？

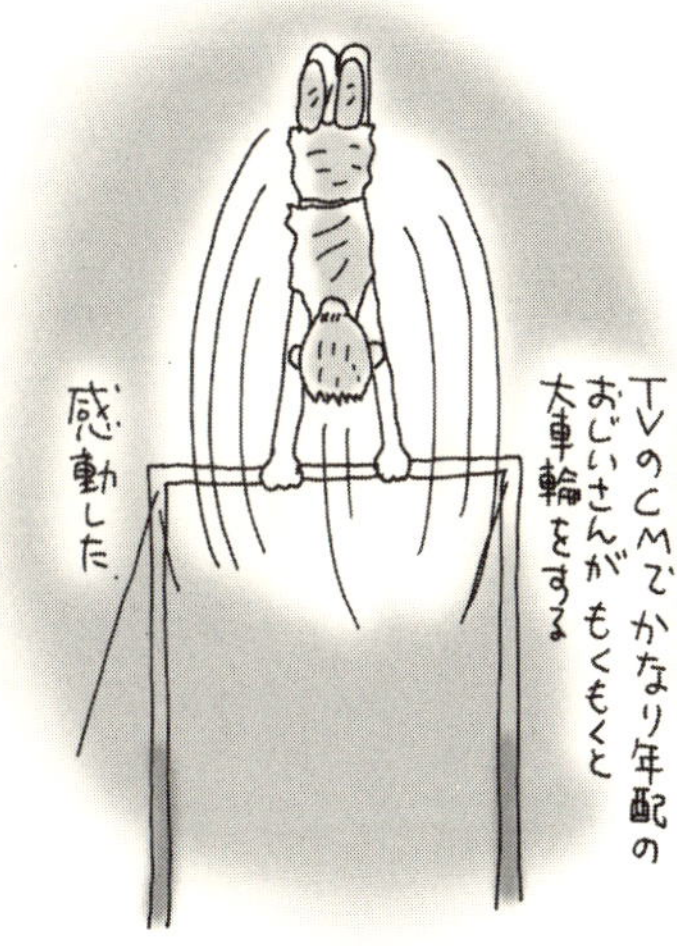
TVのCMでかなり年配の
おじいさんがもくもくと
大車輪をする
感動した。

46

肩の力を抜く。

CHECK!

柔道をする時
投げられたくないので
いつも肩に力が入っちゃう
ガチガチ
でも力を入れてると
技をかけられないので
いつも投げられる
逆に肩の力を抜くと
相手のふところに入って
技をかけられるけれど
やあっ
結局技を返されて
投げられちゃう
単に
弱いんだなー

緊張したり自分を守ろうとすると、無意識に肩に力が入ってしまいます。

でも肩に力が入っていると、自分の力が出ないんですよね。

まさしく、柔道をやっていた時がそうでした。

「相手に投げられまい」と思うと、肩に力が入ってしまう。そうすると、自分からも技をかけられない。で、弱っちー私は結局投げられれちゃうんです。

どうせ投げられるんなら、自分から技をかけにいこうと思いました。自分から技をかければ、たとえ返されちゃっても何もしないより後悔しないし、次につながる。

肩に力が入ってるな、と思ったら、勇気を出して抜こう。同時に、腹筋背筋には、力を入れましょう。

美しい上半身の姿勢
by KIMIKO
肩の力を抜いて
首を長く
この三角形を大きくする

肩の力が抜けると、自分の力が発揮できる。

47

腹筋を毎日やってみる。

CHECK! □ □

頭や心の中ばっかり、スッキリさせようさせようと思うと、かえってパニックになります。人って頭でばっかり考えちゃうと、脚が前に進まなくなっちゃうんですよね。

〝はじめに〟でも言ったとおり、カラダと精神の両輪で、スッキリ！　していきましょう。ということで、〝腹筋〟です。でも、なんで腹筋？　実は、もっとも確実に効果が出るんです。それも目に見えて。これは、私の経験なんですけれども、腹筋は裏切りません。

ただ、運動からちょっとご無沙汰している人には、〝腹筋〟って聞くと、ハードルが高いですよね？　でも、実はそうでもないんです。

ここで私が習って、実際にやっている腹筋を、紹介します。

頭からスッキリ!!したなきゃー
プシュ〜
考えてばっかりいると、頭に血が昇っちゃう

頭に昇った血をさげるためにも『腹筋』をしよう
人にお願いする
器具を使う
こういう腹筋ではなくちょっとハードルが低い腹筋を紹介！！
次のページへ

一人でいつでもどこでもすぐできる腹筋。コツは、意識をおなかに集中させるのと同時に、腹筋をギュッと縮めることです。それを、ひたすらやる。もちろん、毎日が一番いいのですが、3日やって、1日休んでもいいです。また、そこから始めれば、OK。その時に「48、なりたい人の写真を、目につくところに貼る」と、あきらめずにがんばろうっていう気になります。

回数は自分で決めてください。「ああ、もうダメ」から3回くらいがいいんで

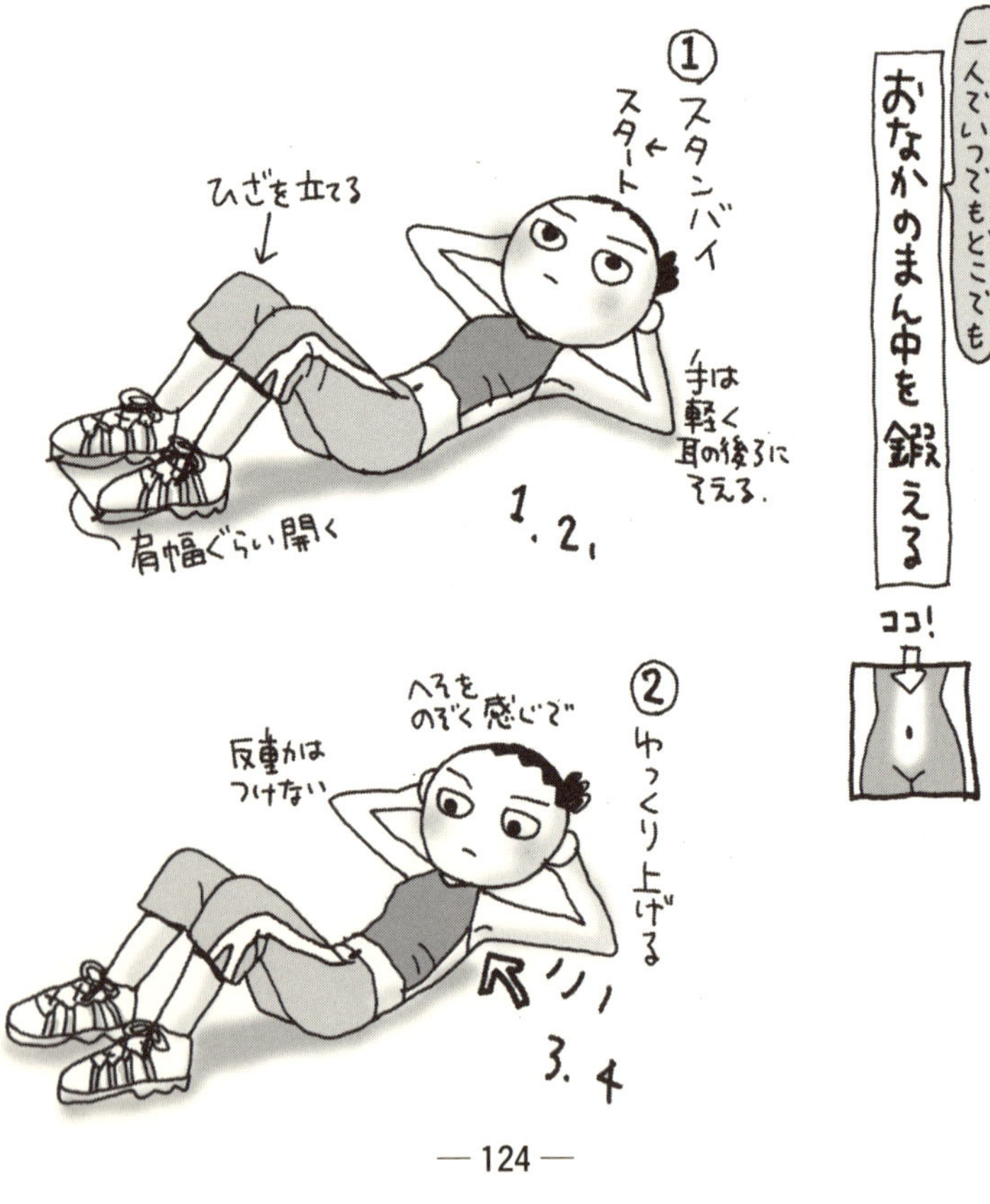

一人でいつでもどこでも
おなかのまん中を鍛える
ココ!
①スタンバイ
スタート
ひざを立てる
手は軽く耳の後ろにそえる.
1.2,
肩幅ぐらい開く
②ゆっくり上げる
へそをのぞく感じで
反動はつけない
3.4

すが、無理は禁物。特に腰の悪い方は、絶対にね。終わったら、ストレッチも忘れずに。

　最初はつらいけど、何日か続けると、「なんだか今日は楽だ」という日が来ます。そしたら、しめたもの！　そのまま続けたら、どんどんおなかがスッキリ！　しちゃいますよ。

　カラダのまん中を鍛えることはおなかまわりだけではなく、カラダ全体が元気になるんです。

カラダと頭の中、両方からスッキリ！　しよう。

③キープ
Point1 意識をおなかに集中
Point2 腹筋を縮める
ぎゅう
肩甲骨が上がるところまで
5.6
腹筋を始めてからふだんの生活でもおなかを意識するようになりました
腹筋を鍛えると姿勢もよくなるよ
④戻す
8カウントを4カウントにしてもOK
7.8
①に戻る
机に向かって仕事している時も腹筋を鍛えられるし
おなかをギュッと縮めて
脚を浮かす

48 なりたい人の写真を、目につくところに貼る。

バレリーナの写真を冷蔵庫に貼った
よしっこの柔軟性を目指そう!
今はまだこんなだけど…
ギシ
ミシ
あの写真をイメージして毎日ストレッチ
ミシ
ギシ
8カ月後ー
うお〜
本人の頭の中ではかなり近づいている
ギシ
ミシ

CHECK!

何かにトライする時、ゴールを具体的にイメージができたほうが、より、やる気になります。

私は「こうなりたい」という、たくさんの目標がありますが、その中でも特に『こういう体型になりたい』という人の写真を、一番目につく冷蔵庫に貼っています。だいたい、ダンサーの写真なんですが。

これを見ながらイメージして、毎日エクササイズをすると、ただ漠然とカラダを動かすより断然足は上がります。それに、「今日はカラダを動かしたくないなあ」という時でも、この写真を見ると「やっぱりやろう!」という気になるしね。ダイエットしている人なら、お菓子に伸びた手を、写真を見ることで止められるかもしれない。

イメージするのは勝手だから、好きな人の写真を貼って、なりきっちゃいましょう。

※熊川哲也さん
次は熊哲だ!!

まずは、頭の中からなりきろう。

49

メイクに使うスポンジを、キレイにする。

CHECK! □ □

メイク道具は粉ものが多いのでとかく汚れやすい
フェースパウダー
アイカラー
特にファンデーションを塗るためのスポンジ
よく見ると一
カビ？
カビ？
拡大図
これってぞうきんで顔をふいているようなもんかも…

「いつまでもキレイでいたい」と思うのは、すべての女性に共通のことだと思います。40歳も近づいてきて、最近かなりシワとスジが気になり出した私。年を重ねるにともなう表面的な衰えは、ある程度は止められても、最終的にはどうしようもないですよね。

でも、〝キレイ〟というのは、外見だけではなく、それ以外の要素もたくさんあります。

内面はもちろんのこと、清潔感や、見えないところまでキレイにする気持ち、というのがすごく大切なことではないでしょうか。

例えば、スニーカーをはいてても、ペディキュアはちゃんとする、下着に気を遣う、メイク道具を清潔にキレイにする、とか。

言わなければわからないことですが、でもそういう気遣いは、表ににじみ出るものだと思います。

また、これらは自分の気持ち次第で、一生衰えることなく、持ち続けられますよね。

特別な日には
勝負スポンジ!!
新品

「清潔」は、キレイの近道。

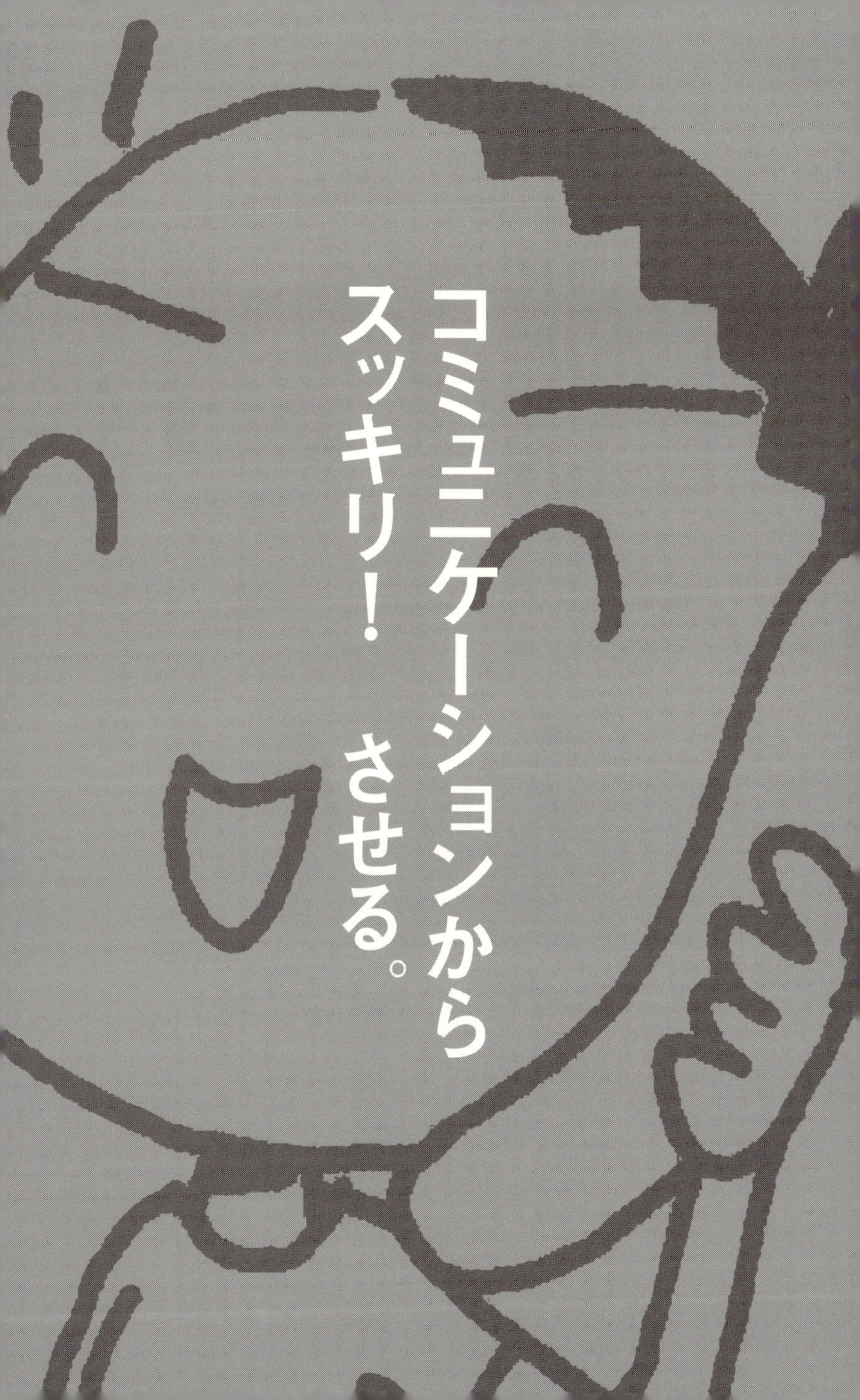

コミュニケーションから
スッキリ！　させる。

50 人から借りっぱなしの本を返す。

CHECK!

私の本棚には
友達から借りた
本が何冊かある
コレ
コレ
コレ
コレ
コレ
時間ができたら
読もうと思って
るんだけど…
すごく読みたいん
だけど…
今
読み始めたら
……
締め切り
吹っ飛ばす
とりあえず
返そうか
そして
もう一度借りようか
本はホイホイ
借りてはいかんです

友達に借りた本が何冊か、さも〝私の本〟みたいに、うちの本棚に立てられています。

教えてもらった時は、ホントに「読みたい！」と思って、つい気軽に借りてしまいました。

でも、すぐ読み始めないと、その後仕事でばたばたしたりして、読まずにそのままにしてしまう。

今、読み始められないなら、人から本を借りない。

本は、読み始めると、時間がかかることがわかってるので、一度置いてしまうと、なかなか手が出ません。その間に、ほかの新入り本が入ってきたりして。そんなことをしていると、半年、1年、あっという間にたってしまう。だったら初めから借りなければいいんですよね。すごい反省してます。ごめんね、本を貸してくれた友達。今から、返しにいくよ。

本を借りる時にはよく自分の状況を考えて、それでも借りたいんだったら、せめていつまでには読んで返すって、目標を決めようと思います。

時に気軽に貸し借りしちゃうのがレシピ本ー
借りたらその日に作ろう!!

51

去るものは、追わない。

CHECK!

引っ越しや転職で
連絡が途絶えたり
引っ越し便
また、考え方が
変わっていくことで
PLUS
価値観の違いで
去っていく人もいる
すーっ
でもムリに
追わなくていい
次の新しい出会いの
ために、神様がスペースを
作ってくれたのだ
人間関係の枠
空き

人間関係が一番できやすいのは、環境が同じという理由です。クラスが一緒、部活が一緒、仕事が一緒、サークルが一緒。だから、環境が変わることによって、人間関係も当然変わっていく。逆に、価値観や考え方が共感できる人とは、環境が変わっても、付き合いは続きます。

また同じ環境にいても、考え方が変われば、当然人間関係も変わります。自分の考えを押し殺してまで、今いる自分の人間関係を守ろうとする人もいますが、それはつらいですよね。確かに考え方の相違で、去っていく人は出てくる。でも、逆に新しい出会いのチャンスがあるわけだから、無理に自分を曲げてまで人をつなぎとめることはないと、私は思っています。

そういう意味で、長い間夫婦をするって、大変なこと。同じ環境に暮らしながらも、各々違う仕事をしていれば、考え方も変化していくしね。お互いの努力がすごく必要、ということを改めて感じます。

人間関係も、新陳代謝している。

わぁ
久しぶり!!
Sale!
1コ 98円
縁のある人は また出会える
しくみになっているんですかねー

52 気になることは、思い切って聞いてみる。

ある日長女が学校から帰ってくるなり
しくしくしくしく
ガーン
友達とケンカしたのかなぁ
いじめられたのか
クラブで何かあったのか
そろそろ思春期だし
ほうっておいたほうがいいのかなぁ
どうしよう?!
翌日おそるおそる聞いてみた
昨日なんで泣いてたの?
そこで足ぶつけたの!
そっかーそりゃ痛かったねー

CHECK! □ □

仲のいい友達が、なんだか最近つれない。

そう思い始めると、気になってしょうがなくなります。私、何か気にさわること言ったっけ？　あの時？　あの時？　と、時間をどんどん巻き戻し、頭の中ではいろんな場面が勝手にストーリーをつけられて、ぐるぐる回る……。

思い切って、聞いてみよう！　このままわからない状態で、こじれていくのはいや。私が何か悪いことをしたなら、素直に謝ろう、ってことで、思い切って友達に直接聞いてみました。

答えは「仕事が集中しちゃって、ひどく忙しかったから」でした。

大切な人とちょっと気まずくなったら、その理由を思い切って聞いてみましょう。原因が早くわかれば、関係修復も早くできるし。

ただし、メールではなく、直接会うか、電話がいいと思います。

独りよがりで、悩まない。

どうしてズボンをあんなに下げてはくんだろう？
気になる〜〜

53 誰にでも好かれようと思わない。

CHECK!

どんなにおいしい
イチゴでも
キライな人は
いるわけで
イチゴは
ちょっと…
バナナは
好きなんですけど…
かといってその人に
食べてもらいたいから
バナナになると
ドロン
もはやイチゴ
ではない
イチゴの好きな
人に食べてもらう
もりもり
うま
それでいいよ

私は昔から『人からの評価』を気にするタイプでした。

お調子者だから、人と一緒の時ははしゃいでいるんだけれども、あとで一人になった時に「あんなこと言っちゃった、こんなことしちゃったけど、どう思われたかな」と、どよーんと考え込んでいました。

でも、誰からもよく思われたいってことは、地球上の全人類からよく思われたいっていうのと、同じことなんですね。それは絶対ムリ！　ということに気づき、いちいち人の評価を気にしなくなりました。

　でも、自分にとって特別な人からの評価は、すごく気になります。「その人に認められたい」という気持ち。でもこれはこれで、『やる気のもと』になるので、大切にしていきたいです。

でも自分が尊敬している人
信頼している人、好きな人の
評価は気になるのだ
ドキドキ
ワクワク
大切な人に新しい
本を持っていく
瞬間

まわりに「どう思われたいか」ではなく、自分が「どうありたいのか」を、優先しよう。

54

人の名前を覚える努力をする。

CHECK! □ □

初対面の人でもすぐ名前を呼んでもらえるのは感じがいい
トメさんこの企画なんですが
でも覚えるのって難しい
例えばこんな覚え方はどう？
水本さん
メガネをかけているので本を読んでいるとメガネから水が流れるイメージ
ジャー
原山さん
頭を山と見たてて顔が原っぱのイメージ
たまにいます
大岡山さん！
惜しい！路線※が違う!!

※「大岡山」東急大井町線
「上大岡」京浜急行本線

年々、人の名前を覚えられなくなってきている気がします。

でも、名前ってとても重要で、出会ってから日が浅くても名前を呼ばれると、すごく存在を認められている気がするんです。マンガを描いている時も、どんな脇役にも名前をつけると、急に生き生きと動き出すしね。

ちゃんと覚えられない、ということを自覚して、名前を覚えるヒントとなる情報は、どんどん書きとめることにしています。頂いた名刺には日付、その人の情報（趣味とか好きな球団、マンガとか）、余裕があったら似顔絵などを書き込みます。

また、住所録にはコドモがいる人は、その子たちの名前も記入。しばらく連絡を取り合ってなかった友達も、コドモの名前を出すとすぐ距離が縮まるんです。

でも、名前がわからなくなったら、素直に聞きましょう。うろ覚えで間違えるよりは、全然いいですよ。

しばらくぶりに会う人には、こちらから名乗ろう。

55

コドモとの関係は、基本に戻る。

おなかにいる時は
元気に出ておいで〜
生まれた直後は
おっぱい飲んで大きくなってればいいよー
しかしだんだん
どうして言うこと聞けないの?!!
片づけて!
何?!
このテストの点!!
プイッ

CHECK!

先日、小学5年生の長男が、学校の内科検診で『再検査』の結果をもらってきました。聞けば、『心臓に雑音がある』とのこと。今までそんなこと言われたことがないし、大きい病気もしたことはありません。彼は毎日野球をして、元気に駆けずり回ってるから、ビックリしました。と同時にものすごく心配！

コドモの成長に、感謝しよう。

大学病院で診てもらった結果、幸い異常はなくてほっと胸をなでおろしたのですが、それまではホントに不安でした。自分のことよりも、コドモのことになると、100倍心配なんですよね。

最近は口を開けば、「宿題はすんだの？」と、何かと小言ばっかり言ってましたが、『とにかく元気であることが、ありがたいんだ！』ということを、思い出しました。

コドモを妊娠、出産した時は、その思いだけだったのに、いつの間にか多くの、いろんなことを要求するようになっちゃってたんですよね。

なんらかの病気を持つお子さんと、一緒にがんばっている、おとうさんおかあさんは、たくさんいらっしゃいます。心から、エールを送ります。

元気でいいよ
多少背が低くても
漢字が
書けなくても
計算
できなくても
どうした
かーちゃん
何か悪い物でも
食った？

56

できない約束はしない。

CHECK! □ □

断るのが苦手でついつい
うーん……わかりました
ありがとうございます
その時は相手も喜ぶからいいんだけど
結局
やることしょいこみすぎ
すごく待たせたり納得のいくものができなかったり
セーフ？アウト？
ザー
ごめんなさいできません
できないことは初めから約束しない

断るのが苦手で、ついつい、なんでもひきうけてしまいがちです。どうしてかというと、断った時の相手の落胆する顔を見るのが、イヤなんです。そこには、いい顔したいっていうどうしようもないあさはかな気持ちもあります。もちろん、なかには断りづらい仕事もありますけどね。

でも、このところ非常に仕事が集中してしまい、期日を遅らせたり、誰かを待たせているという状況が自分にも過剰なストレスとなり、いろいろ考えました。

相手を最初に喜ばせて、あとで迷惑をかけたり落胆させるより、自分が納得した作品をお渡しすることで、最後に喜ばせたい。そのためには、自分の容量をしっかり見極めた上で、最初からできない約束はしない、ということです。時には断る勇気も必要なんですね。

約束は、とても重いものです。たくさんあったら、消化不良になっちゃう。腹七分目くらいが、私にとっては理想です。

バッティングセンター バッティングセンター
バッティングセンター バッティングセンター、
バッティングセンターに行くっていったじゃん！
バッティングセンター
バッティングセンター バッティングセンター
うるさい…
わ、わかった…
連れていくからだまってくれ

自分の容量を、見極めよう。

57 たまにはメールではなく、手紙を書く。

メールは手軽にすぐ相手の手元に届くけど
さっきはありがとー!!
手紙は、書いた文字から温かさが伝わってくるからいい
先日はありがとう
とても楽しかった.
今度またいっしょ
に行こうね.
まめに手紙を書くようにしてるけど
「きんちょう」ってどんな字っ？
漢字がどんどん書けなくなっている!!
ケイタイのメールに打って変換して漢字を調べる私
「緊張」ね
このままメールで送っちゃおっか…いかんいかん

CHECK!

メールを使う人は、どんどん増えています。もちろん、私も。すぐ届くし、相手の時間に割り込むことはないし。なんといっても文面の推敲《すいこう》が、カンタン。でも、そんな今だからこそ、たまには手紙を書くことがいいんです。

手紙のいいところは、肉筆の温かさがダイレクトに伝わってくること！　また、書き直したり、届くまでの2、3日の時間が、全部手紙に溶け込んで熟成されている気がするんです。また、思いがけなくキレイな字だと、その人に対する見方が、すっごい変わったりします。字には、書いている人の内面が表れるみたい。

手紙を書くのがちょっと負担なら、ハガキでもいいですよね。

いつもメールでしかやりとりしていないあの人に、ハガキを送ってみましょう！　ちょっとした〝サプライズ〟。

字が汚くても、丁寧に書けばいい。

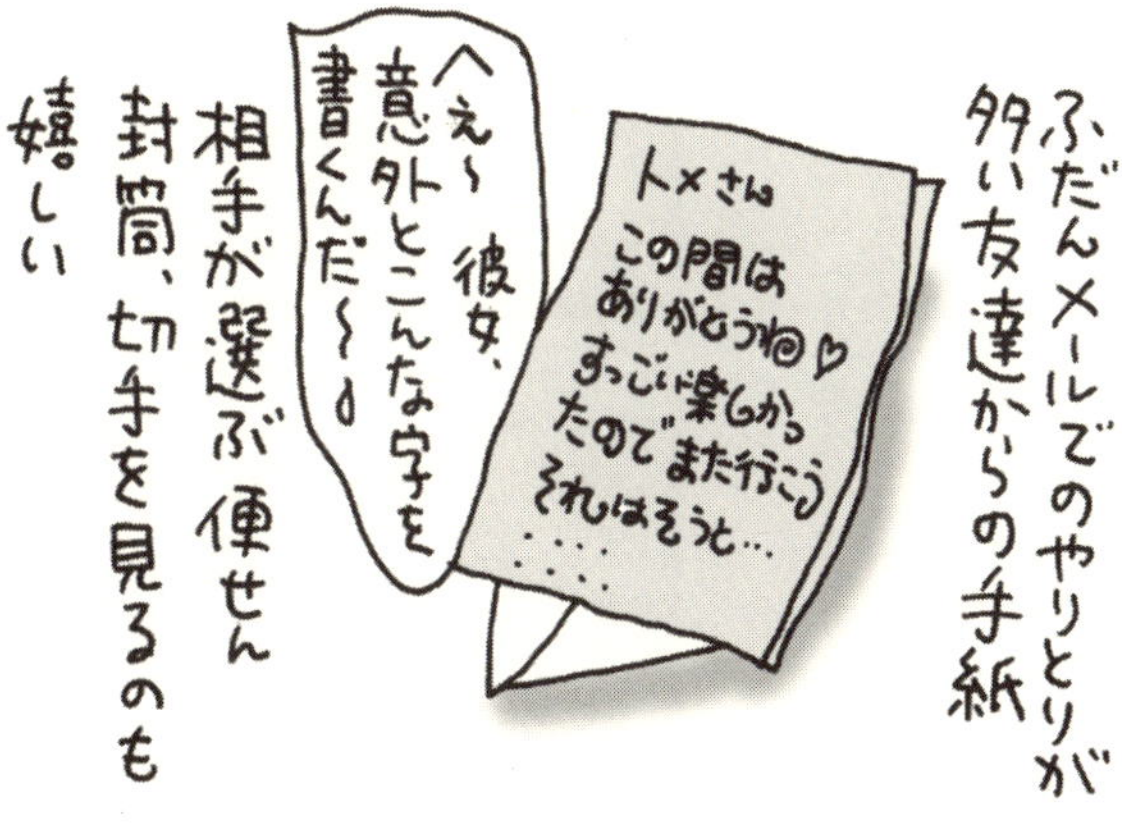
ふだんメールでのやりとりが多い友達からの手紙
ト×さん
この間はありがとうね♡
すっごい楽しかったのでまた行こう
それはそうと…
へぇ～　彼女、
意外とこんな字を
書くんだ～♪
相手が選ぶ便せん
封筒、切手を見るのも
嬉しい

58 電話はカラ元気でも、元気よく出る。

CHECK!

電話の最初の声で相手の状態がわかるので
もしもし
あ、なんかいい知らせだ
だからどんなに元気がなくても仕事の電話はー
締め切り明け
トルルルル
ズルズル…
トルルルル
もしもし!!
ガチャッ

コドモの頃、寝っ転がって友達と電話で話していたら、母親に「見えなくても、全部相手にわかるよー」と言われました。

時がたって、今、ものすごくそのコトバがよくわかります。

私は東京から離れた山口で仕事をしているので、電話だけでのお付き合いというのが、ものすごく多いんです。そのためか、電話の声でいろんなことがわかるようになってしまいました。

最初の一声で、これはいい話なのか、悪い話なのか大体予想がつくし、また、初めて電話で話す人でも、その仕事に対する姿勢とかが、声調や話し方でなんとなくわかっちゃうんです。

それはそっくり自分にもあてはまるわけで、ですから電話の第一声には気を遣いますね。一時はあまりに元気よく出すぎて、相手がビビッちゃったので、最近はしっとり、上品に受話器をとるようにしています。

「声」に、今の自分が全部出る。

くそーっ
セールスの電話だった!!
ガチャン

59 作業の進行状況は、一緒に仕事をしている人に、こまめに連絡する。

CHECK! □ □

レストランに入って
オーダーして
しばらくしても
何も来なかったら
ちょっと不安
オーダー入ってんのかなぁ…
う〜ん
たとえ料理まで
時間がかかっても
飲み物とかが来れば
安心して
おしゃべりを
楽しめる
仕事の進行が
遅れそうになったら
とにかく連絡しよう
そしたら
相手も対応できる

誰かと一緒に共同作業をする場合、とっても大切なことです。

私の仕事の場合は、主に一人の編集担当との共同作業。

すごく悪いと思っているけど、よく締め切りを延ばしてしまう。この解決策は、別のコンテンツで考えるとして、とにかく遅れそうになったら、早めに連絡をしようと心がけています。

なぜなら、私と直接仕事をする担当は一人ですが、その先には、デザイン、校正、印刷、営業など、たくさんの人々が関わっていて、私が遅れると全員に影響するんですね。

「もっと形にしてから、ドーンと出そう」と思っていると、どんどん遅れるので、質よりもまずは作業の進行状況を優先して、報告しましょう。催促するほうも、いい気持ちはしないし。

そして一番重要なのは、相手は原稿が遅れている理由よりも、いつ原稿がくるのかを知りたいということです。そうしたら、それなりの対応ができますよね。

一人で仕事をしているのではない、ということを肝に銘じたいです。

音沙汰ないのが、一番相手を不安にさせる。

締め切り過ぎに担当編集者にする電話の受話器が重いったら…
この受話器ゼッタイ2トンはある…

60
仕事のメールでも、時にはちょっとした季節のコトバを入れる。

CHECK! □

真夏の朝ー
今日も山口はあづいですー
昼前大阪から返事
大阪も酷暑ですー
うんうん
昼すぎ東京から返事
東京も灼熱地獄です
うんうん
全国的にあづいけどみんながんばってるなー
私もがんばろ〜
あぢ〜

メールというのは、とても便利なんですが、その反面すごく機械的で無機質なものになりやすいです。相手の顔も見えない、声も聞こえない、字もPCのもの。人間の体温が、まるで感じられない。

ですから、仕事上メールでやりとりをする場合、初めての時はきちっとした文面を書きますが、2回目からは季節のコトバを一言添えるようにしています。例えば「山口は、今日も暑いです」とか「桜がもうすぐ咲きそうです」とか。季節のあいさつから入る手紙と、一緒です。それに対して「東京も暑いですよ」とか「こちらの桜のつぼみは、まだ固いです」などという返事を頂くと、ぐっと距離が近くなった気がします。そうすると、仕事の連絡も、やりやすくなるんですね。

　ただし、あくまで仕事のメールですから、くだけすぎないように気をつけたいものです。といいつつ、話題が合うと、ついはしゃいだメールを送ってしまうんですけど。

　でも可能ならメールだけに頼らず、電話または一度は直接会って話すのが、一番。

機械の前にいるのは、人間。

去年は台風直撃が多かったりー
近くで大きい地震があったりー
トメさん 地震 大丈夫ですか？
豪雨は 大丈夫ですか？
仕事関係の方からも
たくさんお見舞メールを頂きました。
ありがとうございます！

さて、スッキリしましたか？

一本取った！　と思ったら、

そしたらもう一度!!

今度は、「横四方固め！」

何度でも、

技をかければいいじゃん。

おわりに

『キッパリ！』が出版されて、１年がたちました。

その間、たくさんの取材を受け、必ず聞かれたのが、

「どうしてこんなに反響があるのだと思いますか？」という質問。

この反響は私にとっては、思ってもみなかったことなので、最初は「うーん」とか「えーと」とか、そんな答えでした。でも、だんだんたくさんの読者さんからのメールや手紙を読んでいるうちに、ちょっとずついろんな理由が見えてきました。

一番大きい理由は、「自分を少しでも変えたいんだけれども、すごく大変そうだし何をしていいのかわからない」という人が、たくさんいた、ということです。それは、まさしく「変わりたいけど、変われない」を繰り返してきた、私の姿です。ですから私が実際にやってみた、「お金も時間も、そして覚悟もいらなくて、日常からすぐできる」という具体的な方法を、等身大で受け入れてもらえたのかなあ、と思っています。

具体的といえば、人って、仕事でも生活でも「しなきゃいけないことはたくさんあるのに、具体的に何をしていいのかわからない」という状態が、一番つらく、あせりますよね。「することを、より具体的にする」。

これは、これからの自分を変えていくキーワードだと思います。もやもやしていることが具体的になると、まさしく、スッキリ！　します。スッキリ！　すると身も心も軽くなって、動きやすくなるんですね。そしたら、いろんな出会いや体験が広がっていく！　ちょっとわくわく。

『キッパリ！』も『スッキリ！』も、日常からのはじめの一歩です。はじめの一歩が出たら、その先は、それぞれの目標を持って進んでいってください。

ところが、止まっている状態からの「はじめの一歩」が、一番きつい。

でも八方ふさがりだと思ってても、上を見たら、実は天井があいていた、ということがあります。解決の糸口は、そう遠くや高いところにあるのではなく、意外に身近にあったりするんですね。

急にスッキリできなくても、いい。少しずつ、余分なものを落として、もう一度自分の大切なものを再確認しつつ、スキップしていきましょう。

「大きい変化は、小さい変化から」この名言を心に。途中、つまずいちゃっても、ひざから泥をはたいて、また立ち上がればいいじゃないですか。

最後になりましたが、ここまで読んでくださったみなさま、本当にありがとうございました。

また、『キッパリ!』からデザインを担当してくださっている川名潤さん、幻冬舎の穂原俊二さん、そして日頃から私を応援して支えてくださっている方がたも、ありがとうございます。これからも、よろしくお願いします!

♪スッキリ!　スキップ、スキップ。

上大岡トメ

チェックリスト

どれだけ定着したか、チェックしてみよう！

一度トライしてその後続けているものが、どのくらい日常の中に根付いたか、次のリストで実際にチェックしてみましょう。3段階あります。

トライしてえらいっっ!!
1級（茶帯）
おぬしもなかなかやるな
初段（黒帯）
あっぱれ！
師範（紅白帯）

ひとつでも「師範」があったら、かなり自信を持ってください。スッキリ変わっています。

目指せ！　師範。

●身のまわりからスッキリ！　させる。

No.	項目	一級（茶帯）	初段（黒帯）	師範（紅白帯）
01	着ない服、はかない靴にムダな家賃は払わない。	衝動買いを、抑えることができる。	着ない服は、自分で期限を決めて処分する。	持っているもの全部をリストにして持ち歩いているので、余分なものを買うことはない。
02	写真や思い出の物を、整理する。	PCのフォルダに、きっちり整理。	宝箱に、きっちり整理。	自分のカラダの中に、きっちり整理。
03	スーパーの袋はもらわない、ためすぎない。	買い物にはマイバッグを持参。	マイバッグは、いつも持参。	風呂敷を常に持ち歩く。
04	ビデオテープを整理する。	録画したら、すぐ、タイトルを書く。	DVDに、録画しなおす。	ビデオテープは、ドミノ倒しとしてのみ、使う。
05	散らかっているものは、とりあえず拾う。	家の中のものを、拾う。	外でも、目の前にあったら拾う。	常に、ごみ袋を持っている。

●頭の中からスッキリ！　させる。

06	サイフを整理する。	パンパンになってから、整理する。	毎日、整理。	お小遣い帳も、毎日つける。
07	刃物を研ぐ。	いつも使う包丁を研ぐ。 	ハサミも研ぐ。 	つめきりも研ぐ。 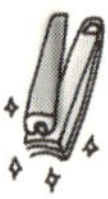
08	物を捨てる時は、「ありがとう」「ごめんなさい」と言う。	声をかけて捨てる。 	感情をこめて、言う。 	BGMもつける♪ 
09	古いタオルは、思い切って処分する。	分別ゴミへ。	雑巾にして、学校に寄付。	小さく切って、汚れた食器を拭く。
10	靴をみがく。	革靴をみがく。 	スニーカーも洗って、いつも清潔。 	サンダルも、キレイ。 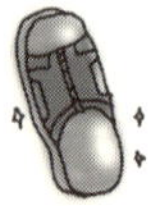

●チェックリスト

No.	項目	一級（茶帯）	初段（黒帯）	師範（紅白帯）
11	アイディアの出し惜しみをしない。	出たら、すぐ使う。	いいのが出るまで、ひたすら出す。	頼まれてもいないのに、人に提供する。
12	考えてもしょうがないことは、ポジティブに祈る。	仕事に関係ないことをして、気分を紛らわす。	全然違う企画を、考える。	うまくいくことを前提に、次のことをする。
13	優先順位を、ハッキリさせる。	いちいち考えてやるようにする。	常に考えているので、すぐ判断できる。	無意識に、優先順位をつけているので、動きはそのとおり。
14	天気に左右されない。	雨でも楽しめる方法を、考える 	一応、てるてる坊主を作るけど、てるてる坊主のせいにしない。 	てるてる坊主は、単なるマスコット。 
15	〝うまくいく曲線〟を知る。	「大丈夫、うまくいく」と言いながら、一生懸命歩く。 	「大丈夫、うまくいく」と言いながら、スキップ。 	ダッシュで、かけぬける。 
16	仕事は平等にする。	来た球は、どんな球でも取りにいく。 	必ず前進して取る。 	相手が取りやすいように、投げる。 

17	出かける準備は、前の夜にする。	余裕がある時に、やる。	いつもやる。	3日前から、やる。
18	いいことも悪いことも、長くは続かない。	悪い状況でも、あきらめない。	いいことと悪いことを行ったり来たりしても、心がまどわされない。	悪いこともいいことと思っているので、ずーっといいことが続いている。
19	時間に追われている時は、思い切って用事をひとつ変更する。	勇気を出して、ひとつキャンセル。	キャンセルしたら、すぐ次の日程を決め、最優先でやる。	むこうから、「変更してくれませんか？」と言ってくる。
20	頭の中を、真っ白にする時間を作る。	映画を見る。 	トレーニングをして、汗をかく。 	どこにいても、自分の意思でできる。 
21	「自分にはちょっと難しいなぁ」と思う、デジタル製品を使ってみる。	使っている人が多いものに、トライ。	あまり使っている人がいないものにトライ。	あえて英語版のマニュアルを使うことで、難易度を上げる。
22	小さくても、目標を持つ。	あいさつをしよう。 	廊下は、静かに歩く。 	寄り道しないで、まっすぐ家に帰る。 

No.	項目	一級（茶帯）	初段（黒帯）	師範（紅白帯）
23	夢を目標に変える。	海外旅行。	家を手に入れる。	プロ野球チームに入団。
24	いつもやっていることの順番を変える。	いつもと反対の指から、ツメを切る。	いつも最初に食べる好物を、最後に食べる。	九九をさかさまにやる。
25	昔からの言い伝え、格言を知る。	抜粋の本を読破。	古語辞典を読破。	先人とリンク。

●心の中からスッキリ！ させる。

No.	項目	一級（茶帯）	初段（黒帯）	師範（紅白帯）
26	アドバイスには、素直に「はい、やってみます」と言ってみる。	とにかく、言うだけ言う。	「はい、いつまでに、やります」と言う。	すぐやる。
27	「自分らしくない」と思うことをしてみる。	服から変えてみる。	髪型から変えてみる。	ニックネームをつける。

28	（あんまり）人に期待しない。	雨が降っても誰かが干した洗濯物を取り込んでくれるとは思わない。	誕生日は、自分からアピール。	人は人と割り切る。
29	気乗りしなくなっても、「行く」と決めた場所には、とにかく行ってみる。	見に行こうと思ってたのに、友達から「チョーつまんないよ」と言われた映画。	進行が遅れている時の打ち合わせ。	歯医者。
30	人にしたことは、いつか自分に戻ってくる。	悪口は言わない。	困っている人を助ける。	最後にひとつ残った自分の大好物を、譲る。
31	自分がごきげんになれる切り札を、作っておく。	好きな食べ物	好きなアーティストのCD、DVD。	物はなくても、思い出せばご機嫌。
32	忘れられないことは、無理に忘れなくてもいい。	別れた人の、誕生日。 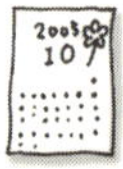	「ドカベン」に出てくる里中智の決め球。 	ベルヌーイの流体力学の法則。 $\frac{1}{2g}v_1^2+h_1+\frac{P_1}{\rho_1}=\frac{1}{2g}v_2^2+h_2+\frac{P_2}{\rho_2}$
33	何かを手に入れる時は、何かを手放す。	あわてて、手放す。	落ち着いて持っているものを置く。	しばらくしたら、手放したものを取りに行く。

●チェックリスト

39	38	37	36	35	34
「なんで私がやらなきゃいけないの？」と、思わない。	どうしてもやる気が出ない時は、誰かに一本電話する。	起きたことは、すべて必然、と思う。	読んだことのないジャンルの本を読む。	迷った時は、「誰がやりたいの？」と、聞いてみる。	一人でも、行儀よく食べる。
気がついたら、自分からやる。	気心の知れた、同僚。	転んだら、「しっかり足をあげて歩けってことなんだ」と思う。	読んだことのないジャンルでも、字が少なくて読みやすそうなもの。	10分以内に、手をあげる。	「ごちそうさま」「いただきます」と言う。
気がついたら、うまく人にふる。	一緒に仕事をしている、先輩。	サイフを落としたら、「もっとがんばって働けってことなんだ」と思う。	読んだことのないジャンルでも、字が多くてむずかしそうなもの。	3分以内に、手をあげる。	さらに、「おいしい〜！」と感想も言う。
人が気がつくように、しむける。	苦手な上司。	ケータイをなくしたら、「人間関係を整理しろってことなんだ」と思う。	読んだことのないジャンルで、日本語以外の本。	「〜の？」で手をあげる。	「あっさりした中にも、コクがあって…」解説をする。

40	「大の字」で、寝転んでみる。	公園で。	ビルの屋上で。	空飛ぶじゅうたんの上で。

●カラダからスッキリ！　させる。

No.	項目	一級（茶帯）	初段（黒帯）	師範（紅白帯）
41	とにかく、歩いてみる。	トイレまで。	郵便局まで。	「なんで歩いているんだっけ？」って思うくらい。
42	便秘は解消する。	1日1回。	毎食後。	おやつ食べても、すぐ。（腹こわしてるだけ？）
43	自分のカラダに興味を持つ。	毎日、体脂肪計に乗る。	鏡でカラダもチェック！	鏡を見ながら、気になるところをすぐ筋トレ。
44	ダイエットするなら、本気でする。	自分の気持ちを確かめてから、実行。	成功した時用の服を買いに出かける予定をたてる。	誰にも何も言わず、いつの間にか変身！（パチパチ）

●チェックリスト

45	年齢に甘えない。	年齢のせいにしない。	戸籍の年齢ではなく、自分で決める。	自分がいったいいくつなのか、忘れる。
46	肩の力を抜く。	「あ、力が入ってる」と気づいてから抜く。	常に抜けている。	気がつくと、脱臼してる。
47	腹筋を毎日やってみる。	3日やって、1日休む。	ほぼ毎日。	毎日、朝昼晩。
48	なりたい人の写真を、目につくところに貼る。	冷蔵庫に、L判写真の大きさ。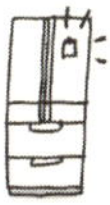	冷蔵庫に、A4サイズ。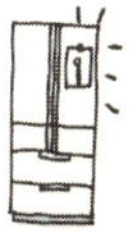	壁一面。
49	メイクに使うスポンジを、キレイにする。	3日に1度。	毎日。	メイクブラシも、定期的に洗う。

●コミュニケーションからスッキリ！　させる。

No.	項目	一級（茶帯）	初段（黒帯）	師範（紅白帯）
50	人から借りっぱなしの本を返す。	返しにいく。	お礼も持っていく。	返しに行く途中で、全部読む。
51	去るものは、追わない。	「また、新しい出会いがある」と思う。	去った人との出会いにも感謝する。	「縁があればまた出会う」と思う。
52	気になることは、思い切って聞いてみる。	コトバを選んで、慎重に。 	自然に、さりげなく。 	明るく、軽く、「どうしたーん？」 
53	誰にでも好かれようと思わない。	いちいち人の顔色をうかがわない。	自分らしさを、見極める。	犬にほえられても、自分の信じる道を行く。
54	人の名前を覚える努力をする。	メモする。	特徴と名前を関連づけて、覚える。	その人の運転免許証を、透視する。

●チェックリスト

55	56	57	58	59	60
コドモとの関係は、基本に戻る。	できない約束はしない。	たまにはメールではなく、手紙を書く。	電話はカラ元気でも、元気よく出る。	作業の進行状況は、一緒に仕事をしている人に、こまめに連絡する。	仕事のメールでも、時にはちょっとした季節のコトバを入れる。
とにかく元気で素直で打たれ強ければ、OK。	理由を言って、とにかく断る。	年賀状、暑中見舞いを書く。	「はい、○○です！」と元気よく出る。	大きい変更は、連絡する。	天気のこと。
とにかく元気で素直ならOK。	誰もが納得する理由で、断る。	お礼はハガキで。	「はい、○○です！」とさわやかに出る。	朝、必ず昨日の結果と今日の予定を連絡する。	草木のこと。
とにかく元気ならOK。	約束できないオーラを出す。	次に会う約束も、ハガキ。	「当選、おめでとうございます！」と出る。	実況を無線で連絡。	動物のこと。

上大岡トメ（かみおおおか・とめ）

1965年東京都生まれ。東京理科大卒。一級建築士。大成建設勤務を経てイラストレーターに。時に漫画も。運動とはあんまり関係ない生活を送っていたが、32歳で突如HIPHOP DANCEにはまり、34歳で柔道を始め初段取得。小学校時代にできなかった逆上がりも最近克服。山口県宇部市在住。中学生の女の子、小学生の男の子の母。「『起きたことは全て必然で起こる』。その時は悪いことに思えても、自分のとらえ方次第でそれを次に動く筋肉にすることができる、ということを知って、すごく気持ちが楽になりました。もともと心配性のくよくよしいだったのに、最近は不測の事態にも落ち着いて最善策を探せるようになったと思います」。

トメのホームページアドレス
http://www1.ocn.ne.jp/~tomesan/

スッキリ!
たった5分間で余分なものをそぎ落とす方法

2005年11月10日　第1刷発行
2005年12月25日　第5刷発行

著　者　上大岡トメ
発行者　見城 徹

発行所　株式会社 幻冬舎
〒151-0051東京都渋谷区千駄ヶ谷4-9-7
電　話　03-5411-6211（編集）
03-5411-6222（営業）
振替　00120-8-767643
印刷・製本所　株式会社 光邦

検印廃止

ISBN4-344-01065-5　C0095
幻冬舎ホームページアドレス http://www.gentosha.co.jp/

この本に関するご意見・ご感想をメールでお寄せいただく場合は、
comment@gentosha.co.jpまで。